論文の考え方・書き方

はじめての論文作成術

宅間紘一

新泉社

はじめに
問うことは生きること

　「学校の勉強」の多くが面白くないのは、与えられた問いに答えることだけに、しかも答えの決まっている問題を解くことだけにエネルギーが使われるからです。「答える能力」ばかりを重んじる偏った教育が、児童・生徒から、学ぶ喜びを奪っています。小学生は、小学生なりに、中学生は、中学生なりに、高校生は、高校生なりに、自分の問いを持ち、正解のある問題ばかりでなく、正解の定まっていない問題に取り組んでこそ、学びが、自分自身のものになり、ほんとうの意味で「考える力」が付きます。

　問いを持っていない人は、他人が考えてくれた答に満足して、それに頼って生きているわけですから、厳しい言い方ですが、自分というものを持っていない人とも言えます。それゆえに、ほんとうには生きる喜びを知らない人とも言えます。

　問うことは、徹底的に疑うことです。たとえば、「いじめは、なぜ起きるのか」という問いを持ったとしましょう。その時、もし、「いじめは、いけない」というところで考えることを止めたら、とうてい、いじめの本質に迫ることができません。もしも、「いじめは、本当にいけないのか」という疑問が、自身の中に潜んでいたら、それを見逃してはなりません。「とんでもないこと、考えてはいけないこと」として抑えこんではいけません。それが仮に「低レベルの考え」と呼ばれるようなものであったとしても、自分自身のものであれば、そのレベルから出発しなければなりません。自分の中の「何かすっきりしない気持ち」「ばくぜんとした疑問」を大切にしなければなりません。実は、それが、答えの大きなヒントとなることがあるのです。

　「いじめはいけないことだ。だから、してはいけない。させてはいけない」という倫理が、ほんとうに自分の中でしっかりと確立するために、「どうしていじめはなくならないのか、一人の人間を寄ってたかって死にまで追いつめる人間って、何だろう」と問い続ける必要があります。さらに、一歩進んで、「これだけ多くの人間が、いじめる側に加担するのだから、そうせざるをえない、何か、恐ろしく低レベルなわけがあるかもしれない」あるいは、「ある条件が整うと、ごくふつうの子どもでも、平気でいじめに参加する

としたら、その条件って何だろう」と考えをめぐらせるのです。「いじめるわけを解読すること」と「いじめを容認すること」とは別問題です。

　さて、「問い」は、「論ずる（論文を書く）」ことによって具体化し、深まってゆきます。問いを生かす道の一つが、論文を書くことです。「問い」を持ち、深めることの喜びを、論文を書く体験を通して味わってもらおうというのが、本書のねらいです。

　本書は、論文を書く技術の解説書でもありますが、同時に演習体験の跡を記録する研究ノートでもあります。また、図書館利用指導の実践的な手引書でもあります。本書の演習プログラムに沿って論文作成を体験すると、自ずと、「図書館を使いこなす力量」が付くはずです。

＊　　＊　　＊

　本書の土台になっているのは、関西学院高等部「読書科」の授業実践です。したがって、本文中では、実際に読書科演習「論文を書く」に取り組んだ、高校生の作業例を用いて説明しています。「読書科」は、「答える力から問う力へ」を合い言葉に、関西学院中学部・高等部の一貫教育の柱の一つとして設けられた各学年１単位の必修教科です。

　「資料を探す演習」では、関西学院高等部図書館を使うことを前提にしていますが、いずれの学校図書館、公共図書館あるいは各種資料機関を使う場合でも応用できるよう記述したつもりです。また、関西学院高等部図書館の資料は、「OPACシステム」に乗っており、読者はインターネットからの検索が可能です。インターネットを併用していただければ、いっそう理解が深まるものと思います。

　関西学院高等部図書館　https://www.kwansei.ac.jp/hs/hs_m_001142.html
　関西学院高等部図書館→読書科　https://www.kwansei.ac.jp/hs/hs_m_001207.html

はじめに　2

書き始める前に──論文の考え方・書き方　6
作業の過程図 I　10
作業の過程図 II　12

解 説 編

Chapter 1 問いに出合い、問いを深めよう………17

1-A │ 自分は何に関心があるのか？　18
1-B │ 研究領域を決めよう　21
1-C │ 情報カードを作ろう　23
1-D │ まとめ文を作ろう　27
1-E │ 研究テーマの候補を挙げよう　30
1-F │ 研究テーマを決めよう　37
1-G │ サブテーマ（小課題）を設けよう　39
1-H │ 仮説を設けよう　43

Chapter 2 資料を集め、情報を記録しよう………49

2-A │ 資料を集めよう　50
2-B │ 資料リストを作ろう　73
2-C │ 情報を記録しよう　75

Chapter 3 論文を書き上げよう………81

3-A │ 結論を書こう　82
3-B │ アウトライン（目次）を作ろう　87
3-C │ 論文の概要を書こう　90
3-D │ 下書きを書こう　92

3-E | 論文に仕上げよう　97

　　　［論文例1］「大阪文化の背景」　102

　　　［論文例2］「日本の盲導犬はなぜ足りていないのか」　126

3-F | 研究をふりかえり、自己評価しよう　136

補　論

1　「研究」って何？──研究者の倫理　137

2　研究者として成長するために──古今東西の古典を読もう　138

演 習 編

1-A | 自分は何に関心があるのか？　144

1-B | 研究領域を決めよう　146

1-C | 情報カードを作ろう＊　147

1-D | まとめ文を作ろう＊　148

1-E | 研究テーマの候補を挙げよう　149

1-F | 研究テーマを決めよう　151

1-G | サブテーマ（小課題）を設けよう　152

1-H | 仮説を設けよう　154

2-A | 資料を集めよう　156

2-B | 資料リストを作ろう　159

2-C | 情報を記録しよう＊　165

3-A | 結論を書こう＊　166

3-B | アウトライン（目次）を作ろう　167

3-C | 論文の概要を書こう＊　169

3-D | 下書きを書こう＊　170

3-E | 論文に仕上げよう＊　171

3-F | 研究をふりかえり、自己評価しよう　172

あとがき　174

新たな刊行にあたって　176

参考文献　177

＊は、別用紙に記入する演習です

書き始める前に
論文の考え方・書き方

論文って何？

　「論文とは何か」は論文を書く体験を通してわかってくるものです。その体験のお手伝いをするのが本書の役目ですから、演習を始める前に、長々と解説すべきではありません。しかし、とんでもない見当違いを避けるために、一応の説明をしておきます。

　論文とは、簡単にいうと、研究成果の報告書です。では、研究とは何でしょう。問いを持ち、問いを深める作業です。ただ、この作業は、個人レベルで終わるものではありません。社会に開かれた行為です。作業結果は、論文に書かれて発表されます。あるいは公にすること、論文に書くことを前提に作業が進められるといってもいいでしょう。証拠（論拠）を示して、結果の正しさを他人にわかってもらおうとします。他人の批判を仰ぎます。同じ問いを持って、研究を進める者同士が、研究成果を持ち寄って、議論します。研究の専門家が集まって議論するところを学会といいますが、本書の読者のような、アマチュアの研究者も自分の書いたものを持ち寄って議論し合えばいいのです。

　話は少し横道にそれますが、日本社会の特徴は、あまり議論しないことです。議論しなくても、物事を決めることのできる社会といってもいいでしょう。「会議」という名が付いていても、議論がなされているとは限りません。「会議」以前にすでに結論が出ている場合もあります。時間をかけますが、たいていは、「議論もどき」あるいは「日本式議論」です。その特徴は、「理屈抜き」、「非論理的」あるいは「超論理的」です。

　井伏鱒二の短編「追剝の話」（『筑摩現代文学大系44　井伏鱒二』筑摩書房、1976年所収）を読んでみてください。村に出没する追いはぎをめぐって夜更けまで延々と対策が話し合われます。これは議論などという代物ではありません。笑ってしまいます。しかし、一方で悲しくなります。誇張されてはいますが、これこそ日本社会の正体です。「議論できる日本社会」を実現するには、論理的にものを考え、議論のできる若者を育てなければなりません。相当時間がかかりますが、種を蒔かねばなりません。研究をプロだけに任せてはなりません。議論できる人、論文の書ける人の数を増やしたいものです。本書の読者に期待しています。

　本題にもどします。研究とは何かを整理してみます。次の四つの要素をすべて含むのが研究です。

研究の4要素

①問う（テーマを持つ）

②考える（推論する：結論を得るために推理をはたらかせる）

③調べる（推論の正しさを証明する論拠を探す）

④書く（推論の正しさが証明されたら、その成果を論文にまとめ、発表する）

テーマ（問い）は成長する

　①から④への流れは、研究の大まかな作業過程を示しています。もっとも、②と③の作業は、必ずしもこの順序ではなく、並行して進められたり前後したりします。また、①の問う作業は後のすべての過程に引き継がれます。研究のすべての過程でテーマ（問い）の修正（再発見）があり、問いが深められます。テーマ（問い）は成長し続けます。また、③の調べる作業、つまり資料を集め、情報を記録する作業は、論文を書く過程でも必要になります。研究成果をまとめる直前になって新たな情報の必要性が見えてきて、調べる過程に引き返すのです。それぞれの過程は、独立したものではなく、密接に連関し合っています。以下の図は、そのことを示したものです。

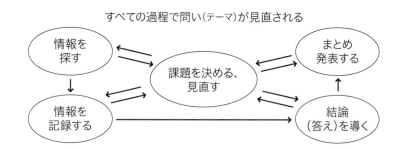

　本書では、「研究者」という言葉を広い意味で用いています。研究を職業とする者、あるいは将来、専門家になろうとする者ばかりでなく、研究作業過程を歩む者は、皆、研究者です。

　研究とは何かがわかってもらえたら、その成果の報告書である論文もおおよその輪郭がつかめると思います。改めて述べてみます。

> 　論文とは、問い（テーマ）の設定から結論に至るまで、論証の跡（研究成果）を記述したものである。つまり、研究の結論が、どうして、そのようなものになったかを、論拠を示し、筋道を立てて説明したものである。

　つまり、論文は、次の三つの要素で成り立っています。

> ### 論文の三つの要素
>
> 　①問　い（テーマ）
> 　②論　証
> 　③結　論

たとえ、専門的な知識が体系的に書かれていても、この3要素のどれかを欠くと、論文でなくなります。したがって、次に挙げるものは論文ではありません。

> ### こうしたものは論文ではない
>
> ①単なる調査データ（考察なきデータの収集）
> ②他人の著した著作、論文の要約や紹介（大学生が、レポート、論文と称して提出する文書の多くは、残念ながら、これではないでしょうか）
> ③論拠の示されていない、意見文、主張、提言の類

「〜原論」とか、「〜概論」とか、「論」という言葉が題目についているからといって論文と決まったわけではありません。多くは、その分野の学問を修めようとする人のための概説書、入門書つまりテキストです。

すべての論文は中間報告

さて、論証の過程を経て、一定の結論に達して、一つの論文を書き上げても、研究は終わりません。結論は、次のいっそう深い問いを生み出します。

> ### 研究は問いと結論の連続
>
> 問い → 結論 → 問い → 結論 → 問い → 結論……

この過程は果てしなく続きます。研究とは、「問いを追究する無限の過程」と定義してもいいくらいなのです。「問い→結論」連鎖の、ある部分を切り取って仮報告したものが論文なのです。ですから、すべての論文は「中間報告」にすぎません。本書の演習で体験してもらうのは、研究の一部、「問い→結論」連鎖の最初の部分です。

問いを深めるには、指導者が必要です。問答法で追い詰めてもらい、問いを叩いてもらうのです。残念ながら、日本では、高校でも、大学でも、論文の書き方を含む、知的活動全般の技術を学ぶ必修科目を持っている学校は、あまり見あたりません。本書は、指導者のいない人にも論文を書いてもらえるように、実例によって、テーマ（問い）の吟味の仕方、深め方を示します。研究者としての自立とは、自分で自分の問いを叩くことができるようになることです。演習作業を進めつつ、しっかりと自分の問いを叩いてください。大げさにいえば、自分の問いを叩くということは、自分自身を鍛えるということです。一つ論文を書くということは、人間として成長することなのです。

作業の過程図 I

	演習課題	演習内容
Chapter 1 問う準備 （問う自己への気づき） ↓ 問う	**関心領域に気づく**	図書館の書架を巡る 心に浮かんだ語句を書き出してみる
	研究領域を決める	関心領域を三つくらいに絞る 絞った領域の基本資料を探す 基本資料を仮読みする 領域を一つに絞る（研究領域を決める）
	基本的知識を得る	基本資料を読む 情報カードを作る（得られた情報の断片をB6カードに記録する） まとめ文を作る（集めた基本的知識を一つの文にまとめる）
	＊研究領域を持っている人はここから	
	テーマ（問い）に出合う	テーマの候補を挙げる テーマになりうるかどうか吟味する テーマを一つに絞る
	研究の見通しを立てる	サブテーマを設ける（メインテーマを解決するための数個の小課題） 仮説（仮の結論）を設ける

	演習課題	演習内容
Chapter 2 考える　調べる	資料を集める	図書資料を探す 雑誌・新聞から情報を探す 映像・音声資料を探す 電子メディア（CD-ROM、インターネット）・ その他のメディアから情報を得る
	情報を記録する （研究カードを作る）	引用カード、要約カードを作る 意見カードを作る サブテーマの結論カードを作る
	結論を書き、 中間報告書を作る	「中間報告書」に結論を書く （できれば複数の他人の前で発表する）
Chapter 3 書く	アウトライン（目次）を作る	アウトライン（目次）を作る
	論文の概要を書く	予め各章ごとに概要を書く
	下書を書く（本論のみ）	下書を書き、何度も推敲する アウトラインを書き直す ⇅ 下書を書き直す
	論文を仕上げる	本論の清書のほか、目次、序、参考資料、 あとがきを書く

作業の過程図 II

論文の作成は、常に課題を決める過程にもどって修正されていきます。

問う過程	関心（複数）に気づく → 関心を一つに絞る（研究領域を決める）	課題を決める
答える過程	基本情報を探す → 基本情報を記録する	
まとめ発表する過程	基本情報をまとめる（まとめレポートを書く）	

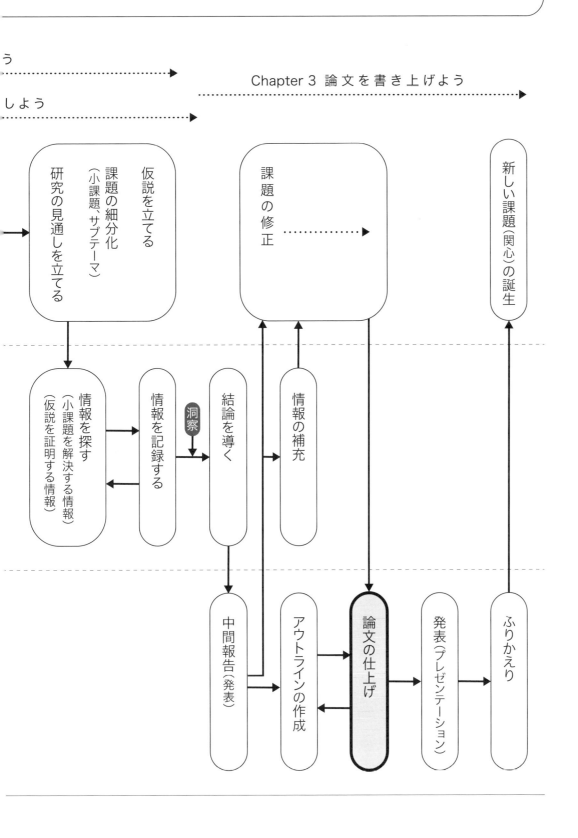

う

しよう

Chapter 3　論文を書き上げよう

研究の見通しを立てる

課題の細分化
（小課題、サブテーマ）

仮説を立てる

課題の修正 ‥‥‥‥‥‥

新しい課題（関心）の誕生

情報を探す
（小課題を解決する情報）
（仮説を証明する情報）

情報を記録する

洞察

結論を導く

情報の補充

中間報告（発表）

アウトラインの作成

論文の仕上げ

発表（プレゼンテーション）

ふりかえり

解説編

問いに出合い、問いを深めよう

Chapter 1

自分は何に関心があるのか？
問う自己に気づく

1-A

演習編→ p.144

　本書は、研究領域、研究テーマを自覚していない人も対象にしていますから、失礼なくらい初歩的な演習からはじめます。研究テーマが決まるまで、細分化された演習を一つ一つクリアしてゆきます。なお、この演習は、次の前提に立って進められます。

> ### だれでも問いを持っている
>
> ①たとえ、今、テーマが自覚されていなくても、問いは、内に眠っている。今は、曇って見えないが、曇りを取れば、心の鏡に映っているはずである。
> ②意識的な作業によって、曇りを取り、問いに気づくことができる。

　では、最初の演習、問いに出合う前段階としての「関心領域に気づく演習」に取りかかりましょう。

　それこそ思いつくままでよいのです。関心領域を言葉で表現してみましょう。じっとしていては何も浮かばないという人は、図書館 (大きい書店でもよい) の書棚を巡ってみます。本の背表紙を追いながら、気になるタイトルのところで立ち止まってください。本を開いてください。目次や序文から刺激を受け、自分の関心に出合うかもしれません。これを筆者は、「書架の教育力 (または背表紙の教育力)」と呼んでいます。図書館は、問題を解決するところであると同時に問いに出合うところでもあります。新聞や雑誌のコーナーに立ち寄るのもよいでしょう。

　少し、その気になるだけで、ふだんは見過ごしていた「関心事」が目に飛び込んできます。電車に乗っているとき、テレビを見ているとき、突然、眠っていた関心が目を覚ますこともあります。研究テーマに出合うことを意識してあらゆる情報を受けとめるのです。

「何について研究したいのか」、ノートに書いてみよう

　「何について研究したいのか」を書いてみます。p.144ページの演習ノート欄に思い付く言葉を20個以上挙げてみましょう。ただし、領域は、広すぎないように注意します。たとえば、「政治」、「音楽」、「文学」、「古代文明」、「医療問題」では焦点がぼけてしまいま

す。せめて、「行政改革」、「モーツァルト」、「村上春樹」、「インダス文明」、「安楽死」くらいまで絞ってください。言葉は、1単語、1文節でなくても、2文節以上、あるいは文であってもかまいません。たとえば、「教師と生徒の関係」、「日米野球観の違い」のごとくです。

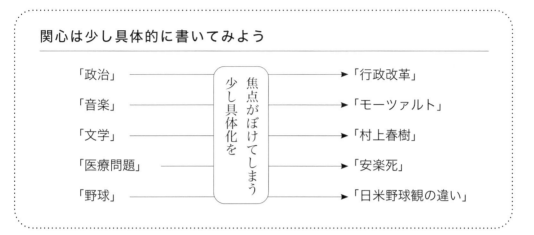

ケーススタディ ｜ 関心領域例

CASE STUDY

　ケーススタディの演習事例では、主として、関西学院高等部を1999年3月に卒業した新家史崇君の演習記録（論文作成は、2、3年時の読書科の演習課題でした）を使わせてもらいます。

　新家君は次のような関心領域を挙げました。

休日	人間	妹尾河童	自然	科学	国
自動車	憲法	宮沢賢治	図書館	本	戦争
日本	大震災	楽器	世界	アジア	

新家君との応答

　卒業後、本書の作成のために、自分の演習過程を、筆者との応答形式でふりかえってもらいました。以下、新家君との応答を単に「応答」と記します。Tは筆者、Sは新家君です。

　T：「人間」、「世界」、「自然」、「科学」、「国」は具体的なイメージに乏しいですね。
　S：何か、感じてたんでしょうけど、うまく言葉でとらえることができなかっ

たのです。ともかく、浮かんだままを書きました。「休日」は休みたいなと思っていたからでしょうし、「楽器」は、自分がブラスバンドクラブに入っていたからでしょう。自動車は、小さいころから自動車が好きだったからです。「宮沢賢治」は、1年生の時の読書科で、「宮沢賢治を読む」というテーマで「ブックガイド作り」を体験していたからです。「図書館」、「本」は、読書科の演習が、図書館で行われていたからです。単純な理由です。

T：動機は単純でも、深い問いが隠れていることがあります。「妹尾河童」は『少年H』を読んだからでしょう？

S：ええ。

T：「大震災」は、阪神淡路大震災の体験からですね。

S：そうです。中学2年のときでした。僕の家は、尼崎でもそれほどひどくなかったところですが、遠くの方で炎が見えたり、友達の家が全壊したりして、大きすぎる体験でした。「日本」は、もう少し詳しくいうと「戦後日本」だったように思います。「アジア」の中身は、「発展著しいアジア経済」だったように思います。

研究領域を決めよう
基本資料を探す

1-B

演習編→ p.146

　多くの関心領域から、一つに絞る作業は、簡単ではありません。興味のあるものを捨てることになるからです。一度に一つに絞ることがむずかしければ、三つくらいに絞って、それぞれ関心領域の基本資料を探し、ざっと読んでみる作業（目次、はしがき、序文、あとがきに目を通すくらいでよい）を間に入れた方がよいでしょう。

　選択した三つ程度の領域について基本資料を探し、これを仮読みして若干の知識を得た上で、最終的に一つの関心領域に絞ります。研究領域の決定です。基本資料は、図書資料でなくとも、図書以外の資料（雑誌、ビデオ等）でもよいのです。資料の探し方については、資料を探す演習の解説を参照してください（Chapter 2- A）。3領域の基本資料を1点ずつ、「ノート」に記録します。資料提示の際に、必ず書く項目は次の五つです。

基本資料提示の際に書くべきこと

①図書の場合は、著者、書名、出版社、出版年

②雑誌の場合は、記事名、雑誌名・年月号とページ

③新聞の場合は、新聞名と発行年月日

④映像資料は、制作者・放送局名、タイトル、制作・放送年月日

⑤インターネット情報は、発信者、ホームページのタイトル、アドレス、受信日
　を書きます。

基本資料の条件をわかりやすくいうと次のようになります。

基本資料とは何か

①高台から街を見下ろすように、関心領域を概観できる資料。
　専門領域を持たないのですから、やはり、その領域の一通りの知識がほしい
　のです。基本的知識を与えてくれる資料です。

②ばくぜんとした関心を明確なものにしてくれる資料。

ケーススタディ | 関心領域と基本資料例　　CASE STUDY

新家君はとりあえず次の三つに絞り、その各々について基本資料を探しました。

領域	著者	基本資料	出版社	出版年
自動車	野口昇	どうなる自動車業界	日本実業出版社	1993年
アジア	蔵前仁一	ゴーゴー・アジア	凱風社	1993年
大地震		阪神大地震を読む	朝日新聞社	1995年

　最終的に、新家君が決めた研究領域は、上の三つのどれでもなく、また三つに絞る前に挙げた十数個の領域のどれでもありませんでした。

　最終的に決定した研究領域は、「大阪文化」でした。どうしてこういうことになったのでしょうか。

応答

　T：最終的に絞った３領域でない領域が出てきましたね。

　S：ええ、三つに絞ったものも、最初の十数個の領域も、学校の授業時間中（注：関西学院高等部読書科の授業は、すべて図書館で行われている）に考えたものです。論文が書きやすいのは、図書館に資料がたくさんある領域である、という単純な考え方があったし、それに演習ノートを提出しなければならないという気持ちが勝っていたため、ずっと前から興味のあった領域を忘れていたのです。それが「大阪文化」です。

　T：どうして大事な関心を思い起こすことができたのですか。

　S：何より、３領域に絞った後、しばらく時間を置いたことです。学校を離れた時間帯、具体的にはテレビのお笑い番組を見ていたときにふっと浮かんだのです。前の３領域に興味を失ったわけではないけれど、色あせてきました。

　T：学校を離れると、自由な発想が生まれるとは、皮肉ですね。

　S：今から考えると、幼いころに大阪のど真ん中に住んでいたことと関係があるかもしれません。

　T：大阪への関心は、体に染み込んだものだったのかもしれませんね。

情報カードを作ろう
基本的な知識を獲得する

1-C

演習編→ p.147

　基本資料を読み、獲得した基本的な知識を「情報カード」に記録してゆきます。このような手順を踏むのは、先に述べたように、専門の研究領域を持たない読者を想定しているからです。

　２種類のカードが考えられます。「引用」と「要約」です。いずれにしても、１枚のカードには１情報を記録します。１情報とは何か。これを決めるのは記録者自身ですが、これがなかなかむずかしい。ともかく、大事だと思うことのひとかたまりをメモしてください。実践を積み重ねるうちに使い方がわかってきます。

　ノートでなくなぜカードか、詳しくは、梅棹忠夫著『知的生産の技術』(岩波新書) を参照してください。簡単にいうと、情報が入ってくる順序はまちまちでも、「情報の断片」をカードに記録して保存しておけば、後に研究の体系が定まってから、体系に従って、情報を整理することが容易になるからです。

　カードは、Ｂ６判の大きさのものを使います。「Ｂ６カード」とよびます。通常のノート、ルーズリーフ用紙より厚いカードを購入してください。

カードの種類

（１）引用カード

次のような場合に資料からの直接引用となります。

①言い換えるべきでない法律の条文、専門用語の定義など

②表現そのものに価値のある文学作品など

③その人物の言葉をそのまま引用することが意味を持つ歴史的発言など

④図表をそのまま写しとる場合

⑤新聞、雑誌の切り抜きを貼り付ける場合

（２）要約カード（加工カード）

得られた情報を、加工 (①文を語句にする、②文を表にする、③言い換えるなど) し、記述を簡潔にします。

情報カードの大半は、要約カードのはずです。

カードに書き込む内容

Ｂ６カードの、四つのエリアに、下記のように必要な事項を書き込みます。

引／要	タイトル
日付	内　容
	出　典（資料名、ページ）

左上：引用カード（「引」）か要約カード（「要」）かの区別を記入します。

右上：情報内容にふさわしいタイトルをつけます。参考にした資料のタイトルないし各章、各節のタイトル、本文中の小見出しに引っ張られることなく、あくまで記入者自身の判断でタイトルをつけてください。あまり広い、大きいタイトルをつけると他のカードと区別できなくなります。気をつけてください。

左下：このカードを作成した年月日を記入します。

右下：情報内容と出典を記入します。p.21の「基本資料提示の際に書くべきこと」と同様の内容を書きます。ただし、同じ資料から何枚もカードができる場合は、2枚目からは、必要最小限度にとどめます。たとえば、図書の場合は書名と利用ページだけでもかまいません。カードの作成者がわかればいいのです。

ケーススタディ │ 情報カード例

研究領域：「キング牧師」

引	キング牧師の演説（1963.8.28）
2008	
3／5	"I have a dream that little children will one day live in a nation where they will not be judged by the color of their skin but by the content of their character."
	山川出版マルチメディア研究会監修
	『音の世界史』（山川出版社、2000 年）p.89
請求記号 209 Y	

研究領域：「少年犯罪」

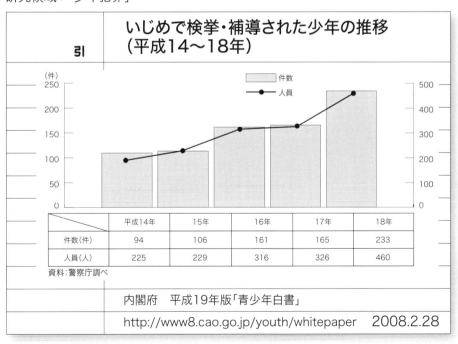

いじめで検挙・補導された少年の推移（平成14〜18年）

	平成14年	15年	16年	17年	18年
件数(件)	94	106	161	165	233
人員(人)	225	229	316	326	460

資料：警察庁調べ

内閣府　平成19年版「青少年白書」
http://www8.cao.go.jp/youth/whitepaper　2008.2.28

研究領域：「学力低下」

	学習課題の4タイプと今日の学校教育
要	
2008	課題の4タイプ
3／12	

		正解の定まっている課題	正解の定まっていない課題
教師が設定した課題		I	II
生徒が設定した課題		III	IV

＊今日の学校教育において生徒に与えられる課題は、タイプIが主流である。

＊学力が問う力（問題発見、問題設定能力）と答える力（問題解決能力）とから

成り立っていると考えるなら、タイプIII、タイプIVの課題を今日の学校教育に

積極的にとり入れるべきであろう。

請求記号
017
T

宅間紘一著『学校図書館を活用する学び方の指導』p.8〜12

新家君の情報カードから、一例（要約カード）挙げておきます。

研究領域：大阪文化

	船場のはじまり
要	

1997
6／7

　大坂城を築いた豊臣秀吉が、砂州だった船場と中之島を開拓して、東横堀や天満宮を開いた。天正13年（1585）、これが船場のはじまりである。

　そのころ、人はほとんど住んでいなかった。堺、伏見、平野など中世から栄えた近隣の町から、あるいは四国の阿波、土佐などからも、商人を移住させた。秀吉は、各地からの移住を促すために、宅地税を免除するという特権を大坂商人に与えた。

　秀吉の商業奨励を受けて、実際に町を発展させたのは住人たちであった。西横堀、道頓堀を掘り、舟の道を作り、掘りあげた土で両側の土地を造成して、出来た土地を工事の実施者がその土地をもらうという方法で、大坂開発がはじまった。

請求記号
216.3
I

井上薫著『大阪の歴史』p.145〜166

まとめ文を作ろう
集めた基本的な知識を一つの文にまとめる

1-D

演習編→ p.148

　ある程度、研究領域についての重要情報、基礎知識が集められたら、まとまった文章を書いてみます。

　百科事典の1項目の記述を任されたと想像してみましょう。この作業も容易ではありません。情報カードの内容を羅列すればよいというわけではありません。情報を精選し、自分なりにまとめなければなりません。情報カードの内容は、引用の場合はもちろんのこと、要約の場合も結局は他人のものですから、自分なりのまとめ文にするには、相当の力が必要です。

　カードに保存された、複数の情報の断片をつなぐ糸の役割を果たすのは、後になって意識化されますが、今は隠れている「問い」です。それが無意識のうちに働いて、まとめ文にあらわれてきます。書いてみて、はじめて自分のテーマがうっすら見えてきます。同時に、関心のレベルにも直面することになります。レベルの低さにがく然とするかもしれませんが、悲観することはありません。研究過程で徐々に深まるものです。これからのすべての演習は、自分に気づく作業なのです。まとめ文に自分の関心があらわれるといっても、記述には自分の意見を交えてはなりません。具体的にまとめ文の作り方を示します。

　①カードを情報の内容によって4〜6のグループに分ける。
　②グループごとに内容にふさわしいタイトルを付ける。これをまとめ文の柱とする。
　③柱（小項目）ごとにまとまった文章を書く。1項目100〜400字程度。
　④最後に、使用した資料リストを書く。リストの書き方は、p.21の基本資料提示項目と同じ。

ケーススタディ ｜ まとめ文例

CASE STUDY

　ここでは例として、新家君ではなく、中山学君（1999年度2年生）のまとめ文を挙げます。研究領域は「風水」です。中山君は、情報カードを五つのグループに分け、それぞれに名前を付け、「まとめ文」を書くための柱としました。次に記述する順序を決めて、ま

とめ文を仕上げました。

①風水とは何か

風水の意味は、「風を蔵して、水を得る」という意味で、大自然や宇宙を中国的に理解するものの考え方から来ている。「地理」「風水」「陽宅」の三種をひとまとめにして風水学とされている。

②風水の誕生と発展

中国統一を果たした秦の始皇帝が、事故を避け、寿命の壁を超えるために役立つ学問、占術、食物、薬を全人民に探させたことから、現在の風水学が生まれた。戦国の世に、相手に破られない陣壁が研究され、奇門遁甲という風水の基本の術の一つができたり、自然界の真理をどうやって会得するかなどの風水学のノウハウが年月をかけて出来上がった。それを華僑が世界に広めた。

③風水の基礎用語

地理：土地を見る学問、陽宅：家相を見る学問、陰宅：墓相を見る学問

風水羅盤：風水学における諸判断を下す道具。方位のほか過去、現在、未来の時間について判断する。

④西洋の地理学との違い

西洋に風水という用語はない。しかし、西洋には風水に似た「フィジオノミー」（観相学）という土地の相を観る方法論がある。西洋の地理学では、分析の対象は静止していると見る必要があり、人間という主体から切り離す。西洋の地理は、自然を鉱物として扱う死んだ地理学である。これは風水の地理学とは大きく違う。風水の地理学では、自然を生きたものとして扱っている。土地に備わっている「気」という生命エネルギーの流れによって自然を見て、そこに住む人の人生への影響を見る。

⑤風水と土木技術

風水を使った建造技術としては、平安京、江戸があるが、もっとも注目すべきは、沖縄（琉球王国）において、風水の知識が、河川改修や村落立地計画に広く活用されたことである。沖縄北部の羽地大川の改修から各村落の小川の改修に至るまで、地形上凶形をなす土地の矯正は、風水知識にもとづく環境修復だったことが明らかになった。

沖縄では風水が国策に革命をもたらしていた。

参考にした基本資料

田口真堂著『風水運命術』（二見書房、1994年）

田口真堂著『極意風水盤占い』（二見書房、1995年）

渡邊欣雄著『風水気の景観地理学』（人文書院、1994年）

　中山君の「まとめ文」から、すでに中山君のテーマが見えてきます。風水そのものへの素朴な好奇心のレベルから、研究テーマに発展しうるようなレベルに近づいていることが伺えます。④、⑤から相当数の研究テーマが生まれそうです。④からは、西洋との比較において東洋の思想、学問をとらえたいという気持ちが見えています。中山君本人に直接確かめたことですが、⑤の記述は、風水の思想が、日本の歴史の中で実用面で取り入れられていることに驚き、そのことに強い関心を持ったことの結果だということです。

研究領域の変更

　ところで情報カードやまとめ文を作る過程で、研究領域が狭まったり、広がったり、微妙にずれることがあります。例を挙げます。

①絞る：校則問題⇒茶髪・髪型問題、プロ野球⇒交流戦
②広げる：本能寺の変⇒織田信長
③具体化：笑い⇒お笑いブーム、お笑い比較（大阪と東京）
　　　　　リーダーシップ⇒星野仙一と野村克也
④少し移動：沖縄伝統音楽⇒沖縄出身ミュージシャン

＊p.146の「決定した研究領域」の「予備欄」に記入します。

研究テーマの候補を挙げよう

1-E

演習編→ p.149

テーマは疑問形で

　研究領域の知識がある程度得られた段階で、いよいよテーマの候補を挙げます。テーマは「問い」ですから、疑問形で表現します。ちなみに、仕上がった論文に付けるタイトル、題目は、疑問形でなくてもかまいません。テーマとタイトルは別表現であってもよいのです。

　テーマは問いですから、疑問形で表現するのが当たり前のことなのですが、大学での論文指導でも、このことが徹底されていません。そもそも日本の大学において「論文の書き方」指導なるものがあるのかどうかが怪しいのです。何を明らかにするのかがはっきりしないまま、「論文」(?)を仕上げてしまう場合が多いのではないでしょうか。疑問形のテーマを設定してこそ、研究活動が前に進むのです。もちろん、述語を伴った完全な疑問形でなければなりません。たとえば、「犯罪少年の実名報道とは」、「ケータイと若者文化とは」、「いじめとは」などは何を問うているのか、よくわかりません。

　世に出版されている、数ある「論文の書き方」の手引書の中で、テーマを疑問形で設定すべきだと指摘しているのは、私の知る限りでは、澤田昭夫著『論文の書き方』(講談社学術文庫)くらいです。

　しかし、疑問形であれば何でもよいというわけではありません。以下、テーマにならない例を挙げます。

テーマにならない例

①すでに解明されていることはテーマにならない。

　「飛行機は、なぜ飛ぶのか」

　これは、テーマになるでしょうか。なりませんね。ちょっと失礼な例を挙げたかもしれません。「自分が知らないから調べる」は、研究ではないといいたいのです。小学生の調べ学習の課題としては、成り立ちます。もちろん、小学生には、このレベルの問いがふさわしいなどといっているわけではありません。小学生でも、「どうして、日本に原爆が落とされたの？」といった問いを発することがあります。この問いは、研究に値する問いです。ひょっとしたら、小学生の方が、大学生よりしっかりと問うことができるかもしれません。成長するにつれて、問いを発しなくなっているのではないか、そんな気

がしています。大学生に失礼かな。

　研究対象となりうるのは、不明なこと、論争中のこと、いろいろな解釈の余地のあるものでないといけません。解明されていることは、研究の意味がありません。「飛行機は、なぜ飛ぶのか」は、全く考察の余地はありません。隙間のない問いです。学習の対象にはなりますが、研究の対象にはなりません。

　上のことと矛盾することをいうようですが、「問い」が解明されているかどうかは、よほど注意しなければなりません。「わかりきったこと」として世間に通用していることを疑うセンスも必要です。たとえば、「日本社会は、単一民族である」という、世俗の常識を疑わないで組み立てられた日本人論は読む気がしません。通説を疑うことが、学問の出発点であることを教えてくれる好例を挙げてみます。網野善彦著『続・日本の歴史をよみなおす』(筑摩書房) です。この本に、次のような記述があります。

　「水田を中心とする農業を基礎にした社会で、米を主食として育った日本人が、日本列島の中でしだいに独特の文化を熟成してきたという見方は、…（中略）…はたしてほんとうに正しいのか。これについて私は前から疑問をもっており、いろいろな形で発言してきましたけれども、これからいくつかの問題を取り上げて、日本の社会について考えなおしてみたいと考えています。」

②大テーマのままでは、研究は前進しない。

　「人間とは、何か」

　これは、どうでしょう。りっぱな問いですが、テーマになりません。自明なことではないのですが、大きすぎるのです。「愛とは何か」「心とは何か」なども、スケールが大きすぎて、とっかかりがないのです。こうした大テーマを持つことは大切です。このような本質的な問いなしに、研究を進めてほしくはありません。しかし、このままではだめです。こうした根本的な大テーマを底に抱きながら、この問いを追究するための枠組みがほしいのです。無限の広がりを持つ大空のような大テーマをとらえる窓枠がほしいのです。たとえば、「日本の若者の恋愛観は、どう変わってきたか」と具体的に問うことを通して、「愛とは何か」を問うてほしいのです。

③はじめから結論の出にくいことがわかっている、予想、予測の類は避ける。

　「21世紀の日本経済はどうなるか」

　これはどうでしょう。社会の未来予想図を描くのは楽しい作業ですが、よほど気をつけなければいけません。「21世紀の日本経済はどうなるか」という論文は、確かにありえます。相当の論拠を示して、予測することも可能です。しかし、問題点があります。二つ挙げておきます。一つは、読者諸君が書く論文の場合は、直接関係しないことですが、未来の予測は、その記述が、権威を持てば持つほど社会に影響を与える可能性があると

いうことです。たとえば、経済企画庁や日本銀行が発表する経済予測は、それ自体が、社会を動かすのです。二つ目は、論証しにくいということです。未来予測は、「未来社会を構成する人間の意識」というきわめて流動的で、あてにならない要素と格闘しなければなりません。また、論拠を示しにくい分、論者の主観が入り込みやすいのです。知らぬ間に、論者の希望や不安が語られていることがあるのです。

④「いいことずくめ」を並べ立てるだけの「how to もの」も、研究テーマになじまない。

「どうすればダイエットに成功するか」

これは、どうでしょう。かなり危険です。なぜなら、その通り実行するかどうかが個人の決断、自由に任され、実現できるかどうかが、個人の力量に依存しているからです。「どうすれば、英語がしゃべれるようになるか」なども同じです。いくらでもいいことを並べ立てることはできますが、成功事例を挙げても研究課題の実証とはいえないのです。たまたま、その人が成功したに過ぎないのです。「今日のダイエットブームの背景にあるものは何か」とか「なぜ、日本人は英語をしゃべるのがへたか」というふうに、研究対象を客観的に記述できるような問いかけに修正したいものです。

⑤問いの中に、すでに論者の強い主張が含まれているものもテーマにならない。

「法律では禁じられていないのに、どうして高校生はオートバイに乗ってはいけないのか」

これは、どこに問題があるのでしょう。「乗ってもいいではないか」という結論が、初めから問いの中に含まれているからです。怒りの感情さえ読み取れます。討論（ディベート）のテーマにはなりますが、論文のテーマにはなりません。ある県では、県あげて、いわゆる「三ない運動」を展開して、高校生がオートバイに乗ることを禁じています。同じ疑問形でも、たとえば、初期のころの「三ない運動」が力を失いつつある現状を踏まえて、「三ない運動が形骸化しているのはなぜか」という問いを設定するなら、ＯＫです。問題を客観的に詰めようとする姿勢が見られるからです。

⑥高度に専門的な知識や技能があってはじめて問うことができるテーマは避ける。

「邪馬台国は、どこにあったのか」

これはどうでしょう。論争中のりっぱなテーマです。しかし、論争に加わることは、素人では不可能に近いといえるでしょう。「邪馬台国論」をたくさん読んで、読み比べて、一番納得できる主張に賛同して、賛同理由を書いても、それは自分の研究とはいえません。「ガンは克服できるか」も同じ理由でテーマにはふさわしくありません。

⑦「撫でるテーマから切るテーマへ」。切り口を見つけよう、一歩進んだ次の問いを見つ

けよう。

「日本人は何を食べてきたか」

これは、一応問いとして成り立っていますが、研究の対象がぼやけています。もう少しシャープな切り口を見つけたいのです。どういう観点に立って対象を見据えるのか、はっきりとした足場を作りたいのです。このままでは、対象を撫でるだけ、日本の食文化史をたどるだけに終わりそうです。

たとえば、「日本人は外来の食文化をどのように採り入れ、独自の食文化を築いてきたか」とすると、少しは何を研究したいのかが見えてきます。この研究では、外来の食文化の採り入れ方の特徴を発見しなければなりません。研究という行為に含まれる最も大切な要素は、「発見」です。研究とは、新しい見方（知見）を獲得する行為です。「日本人は何を食べてきたか」という問いには、新しい知見を提示しようという意欲が感じられません。「それを調べてどうしたいのか」と返したくなるのです。

もっとも、このテーマで研究を進めてゆくうちに、「切るテーマ」が見えてくるかもしれません。「切るテーマ」が見えてくるまで辛抱して、この問いを持ち続けてみるのもよいかもしれません。指導者がいれば、よく相談してみましょう。（注：「撫でるテーマから切るテーマへ」という表現は、静岡県岡部町（現藤枝市）立岡部中学校の総合学習「ふくいく」の2000年発行テキストよりお借りしました。）

テーマの要点

①問いであるから疑問形で表現する
②「通説」「常識」を疑うセンスも必要
③問題を客観的に見つめる目が大事

ケーススタディ｜テーマの追い詰め方例　CASE STUDY

まとめ文からテーマ設定へ

すでに述べたように、まとめ文からたくさんの問いが見えてきます。先に紹介した、中山君のまとめ文（研究領域「風水」）から、たとえば、次のような問いが生まれます。

①西洋と東洋の自然観はどう違うのか。
②風水は、沖縄（琉球王国）の街づくりにどのように活用されたか。
③風水は、江戸の街づくりにどう活用されたか。

もちろん、これらの問いは、研究が進むとともに、叩かれ成長してゆきます。

研究領域からテーマを導く（テーマ設定連想ゲーム）

研究領域から連想ゲームでテーマを導く技術を紹介します。研究領域を「笑い」として、ここから連想によってキーワードの枝を伸ばしてゆきます。そうして最終的には、研究テーマの候補となるような問い（疑問形）を思いつきます。連想ゲームは図を使います。

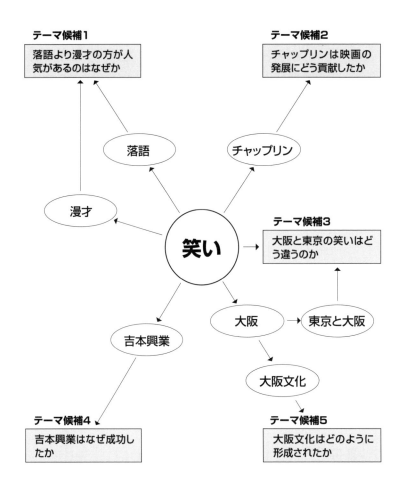

注：この図は、三つの学校の研究型調べ学習の実践からヒントを得ました。一つは、立教学院立教小学校教諭、板橋民樹先生（2002年3月退職）が、「探検学習」で用いられた「タコの八ちゃんの図」です。もう一つは、静岡県岡部町（現藤枝市）立岡部中学校の総合学習「ふくいく」で用いられた「レッツ　トライ　ウェビング」です。さらにもう一つ、お茶の水女子大学附属中学校の「自主研究」で用いられた「課題設定すごろく」も参考にしました。いずれも、テーマを設定する段階での工夫です。拙著『学校図書館を活用する学び方の指導──課題設定から発表まで』（全国学校図書館協議会、2002年）でくわしく紹介しています。

指導者から助言をもらう　例１「流行」　＊筆者の助言例です。

　A君（1994年度２年生）は「流行」を研究領域に決め、次のようなテーマの候補を挙げました。

　①なぜ、流行は移り変わるのか。
　②流行は、社会にどのような影響を与えてきたか。

　これがテーマとしてふさわしいか考えてみましょう。

　まず、「なぜ、流行は移り変わるのか」を問題にします。

　移り変わるのが流行だから、この問いは形式的には愚問です。ただ、この問いを設定したA君の気持ちに沿って考えると、この問いは、次のように変えることができます。「なぜ流行は存在するのか」。しかし、この問いは、前述の「大きすぎるテーマ」に属します。

　「流行」を研究領域とする、どのような研究テーマ（問い）にも、この大テーマが潜んでいるはずです。そこで、より具体的なテーマ候補②「流行は、社会にどのような影響を与えてきたか」の吟味に移ります。

　この問いの、問題点の第一は、社会と流行の、「影響」関係が逆ではないか、ということです。「流行→社会」ではなく、「社会→流行」のはずです。「流行→社会」が全く成り立たないわけではありませんが、その場合は、よほどはっきりした事例が見つかっていなければなりません。「流行」と「社会」の位置を入れ替えます。「社会は、流行にどのような影響を与えてきたか」とします。

　さらに、「影響」という言葉を問題にします。流行は、「何か」が人々の意識に働きかけた（つまり、影響を与えた）結果、生じる社会現象です。流行は、影響の「結果」なのです。流行と社会の関係を正確に表現すると、「流行が社会を映し出している」となります。

　次に、「流行」「社会」「時代」に枠をはめます。「流行」→「流行商品」、「社会」→「日本社会」、「時代」→「戦後」とします。以上のような吟味の結果、テーマ候補①と②を合流させた、「流行商品は、戦後日本社会をどう映し出しているか」という研究テーマができあがります。

　以上が、A君への助言内容です。正確には一方的な助言ではなく、A君との応答の結果、できあがったものです。助言というより共同作業というべきでしょう。

指導者から助言をもらう　例２「大阪文化」

　ここで、「大阪文化」を研究対象にした、新家君のテーマの候補を見てみます。

　①どのような歴史から、今の「大阪」ができあがってきたのか。
　②大阪と東京はどこが違うか。

③大阪の食べ物は、なぜうまいのか。

次のようなことをコメントしました。

①について：「大阪文化」全体を問題にしたいのであろうが、大きいテーマなので、焦
　点がぼけないように注意すること。
②について：比較の対象になるものがはっきりしない。文化全体を比較したいのであ
　ろうが、範囲が広いのでやはり要注意である。
③について：問い方が、あまりにも素朴である。「うまいかどうか」は、主観の問題で
　はないか。客観的な問いかけになるよう、練りなおすこと。

すぐれたテーマ例

「身体障害者は、なぜ弱者扱いされるのか」を考える。

　問題点を含むテーマばかりを紹介してきましたが、レベルの高いテーマ例を一つ挙げ
ておきましょう。神原真人君 (1999年度2年生) のテーマです。この問いの「すごさ」が
おわかりでしょうか。筆者は、このテーマを見て感動し、授業で披露しました。何が「す
ごい」のか、思うところを箇条書きにしてみます。

①社会に定着している「身体障害者」＝「弱者」という図式を疑っている。
②「弱者扱い」という表現から、「弱者」が、社会に存在するのではなく、「弱者」とい
　うレッテルが存在するにすぎないことに気づいている。
③身体的ハンディキャップを負っている人間にとって、生活してゆくのが困難な、劣
　悪な環境を社会の側で作り上げておきながら、それをクリアできない「身体障害者」
　を「弱者」呼ばわりしていることのおかしさに気づいている。
④「弱者」だから、差別されるのではなく、差別の結果、「弱者扱い」されていることに
　気づいている。

　後に、「仮説を設ける」演習のところでも説明しますが、問いそのものに、研究の重大
なヒントが隠れていることがあります。この神原君のテーマは、その好例です。筆者は
「問うことを評価されてこそ知性は育つ」と考えています。「評価できる問い」とは、具体
的には、このような問いを指します。

　なお、蛇足ながら、筆者は「弱者」という言葉ばかりでなく、「障害者」という言葉にも
疑問を持っています。障害は人間の側にではなく、社会の側にあると考えています。社
会は、有形無形の障害物 (バリア) を作っておきながら、それをクリアできない人間に「障
害者」のレッテルを貼っているのだと考えています。

研究テーマを決めよう

1-F

演習編→ p.151

　ある程度テーマを追い詰めれば、研究をスタートさせます。まだすっきりしないものが残っていても、前に進みます。研究を進めるうちに、独特の視点が見つかるかもしれません。問いは、深められ何度も書き直されるものです。洗練されてゆくものです。それゆえ、演習編のテーマ記入欄では、書き直しを想定して研究テーマを書き込む欄を多めに設けています。

ケーススタディ ｜ 研究テーマ例　　　　CASE STUDY

　「大阪文化」の新家君は結局、テーマの候補のうち「どのような歴史から、今の『大阪』ができあがってきたのか」を選びました。もう少し例を挙げておきます。今までに、高校生が選んだテーマばかりです。

高校生が選んだテーマ

　①宮沢賢治の信仰は、作品にどう反映しているか。

　②ビートルズは、音楽界にどのような影響を与えたか。

　③スピルバーグの映画製作の根底にあるものは何か。

　④吉本ばななの『キッチン』が、多くの読者を得たのはなぜか。

　⑤阪神淡路大震災であらわになった、日本社会の課題は何か。

　⑥いわゆる「性情報」氾濫の中で、性教育はいかにあるべきか。

　⑦「いじめ」はなぜ、学校で起きるのか。

　⑧捕鯨問題の背景にあるものは何か。

　⑨アメリカの原爆投下正当化の背景にあるものは何か。

　⑩鎖国は、日本文化にどのような影響を与えたか。

　⑪部落解放運動は、日本人の人権意識をどのように変えてきたか。

　⑫日本人の睡眠に対する意識はどう変わってきたか。

　⑬コンビニの発展要因は何か。

⑭北野たけしの映画は、何を伝えようとしているのか。

⑮ジーンズは、なぜここまで世界に浸透してきたのか。

⑯吉本興業の経営はなぜ成功しているのか。

⑰沖縄の県民性は、どのように形成されてきたか。

⑱洋食は、どのようにして日本人の食生活に定着してきたのか。

⑲吸血鬼伝説はどのようにして生まれたのか。

⑳日本のリサイクルが進まないのはなぜか。

㉑阪神タイガースファンは、他球団のファンとどう違うか。

㉒徳川家康が長期政権を築くことができたのはなぜか。

㉓ほんとうに学力は低下しているのか。

㉔「金八先生」はほんとうに理想の先生か。

サブテーマ（小課題）を設けよう
研究の見通しを立てる①

1-G

演習編→ p.152

　どの研究段階でも、方針を立てることは大切です。「どのように攻めてやろうか」といつも考えているのです。初期の段階から、研究の見通しを立てる「くせ」をつけておきたいものです。研究の手がかり、糸口を無理にでも見つけて、言葉にしてみるのです。この演習は、長く立ち止まって、取り組むものではありません。不完全なまま次の演習に移っていいのです。見通しを立てる演習は、初期の段階では次の二つが考えられます。

> ### 研究の見通しを立てるポイント
>
> ①サブテーマ（小課題）を設ける。
> ②仮説を設ける。

　まずは、サブテーマ設定の演習にとりかかりましょう。小課題を設けて、研究の見通しを立てます。研究テーマ（問い）に答えるために何を解決しなければならないかを考えてください。少なくとも数個以上思いつくはずです。

　何事であれ、問題を解決するためには、本気になる必要があります。論文作成という論理的な作業に、「本気になる」などという精神主義的な表現は、変だと思われるかもしれません。けれども、論文作成以外のことを考えてみてください。たとえば、スポーツ選手が、チームのレギュラーポジションを得たいという目標（課題）を設定した場合、その課題に「本気になって」取り組むためには、いくつも具体的な小課題を設定しなければなりません。「長時間の激しいゲームに耐えるメンタル、フィジカル両面のスタミナをつけるにはどうすればよいか」、「そのスポーツに必要な技能を高めるにはどうすればよいか」などです。このように課題は、ばくぜんとしたものではいけません。「本気に」取り組む人は、具体的な小課題を持っているのです。

　研究カードのところで再度説明しますが、サブテーマも問いですから、それぞれに結論が出るはずです。いきなりメインテーマ（サブテーマと区別するために当分の間、研究テーマのことをこう呼ぶことがあります）の答えは出ません。サブテーマの一つ一つに答えるうちにメインテーマの答え（結論）が次第に見えてくるものです。

　サブテーマ設定では、体系の美しさを求めなくて結構です。思いつくままを、並べたてましょう。サブテーマも何度も書き換えられます。増やしても減らしてもいいのです。なお、サブテーマは、未熟ながら、最終的に仕上がる論文の柱（アウトラインすなわち目次）に似てくるはずです。

> ## サブテーマ設定のポイント
>
> ①問いに対して本気に取り組もう。
> ②サブテーマも問いであるから、結論が出るはず。
> ③サブテーマは論文のアウトライン（目次）に似てくる。

ケーススタディ | サブテーマ例

CASE STUDY

　研究テーマを「現代の子どもたちに遊びをとりもどしてやることは可能か」として、サブテーマを設けてみます。

①遊びとは何か。（キーワードの定義）
②子どもの発達過程で遊びはどんな役割を果たしているか。
③何が子どもの遊びを奪ったのか。
④今、子どもたちは余暇をどのように過ごしているか。
⑤現代の子どもたちの生活にどのようなゆがみが見られるか。
⑥ゆがみのうち最も深刻なものは何か。
⑦そのゆがみは、なぜ深刻か。
⑧遊びを復活させる糸口となるものは何か。

　メインテーマとサブテーマの関係を図で表してみましょう（次頁）。メインテーマを中央に置き、これをサブテーマが衛星のように取り巻きます。一つ一つのサブテーマを解決すると、自ずと中央のメインテーマが解決するわけです。

メインテーマとサブテーマ関係図

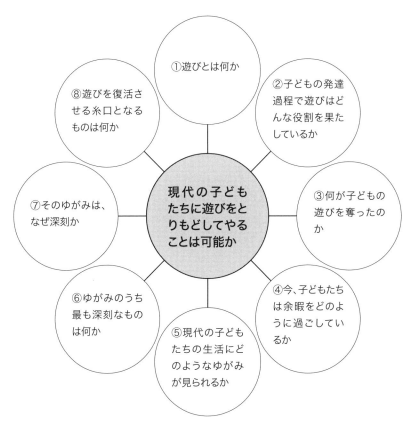

注：この図も、テーマ設定連想ゲームの図（p.34）と同様、前記の三つの学校の「課題設定段階での工夫」からヒントを得ました。

とりあえず、以上八つくらいのサブテーマが思いつきます。研究が進むうちにサブテーマの数は増減するかもしれません。表現が変わることもあるでしょう。

サブテーマ設定の要点

（1）最初に研究テーマの中のキーワードに当たるものの定義を問いにする。研究の深まりとともに、変わってゆく可能性のある、最もむずかしい問いともいえる。しかし、ともかく先人の研究を参考にしながら、定義しておく。前頁の例では「遊び」がキーワードになる。ただし、キーワードを定義するまでもない場合もある。

（2）思いついたサブテーマは順序を気にせずに記録する。

（3）サブテーマによって、問いの大きさも問いの性質もまちまちである。前頁の例では、②、④、⑤は地道に資料に当たれば何とかなりそうだが、③、

解説編

1-G

サブテーマ（小課題）を設けよう

⑥、⑦、⑧は研究者の深い考察が必要である。しかし、あまり気にせずどんどん書きとめる。途中でいくらでも変えればよい。

次に、新家君に登場願いましょう。新家君の研究テーマは、「どのような歴史から、今の『大阪』ができあがってきたのか」です。彼は次のようなサブテーマを設けました。

①「大阪」とは何か。
②大阪弁は、なぜ全国に認識されるようになったのか。
③大阪のお笑いは、なぜおもしろいか。
④大阪の商法は、どのようにして形成されたか。
⑤大阪の食文化は、どうして「食い倒れ」とまでいわれるようになったのか。
⑥今後の大阪は、どのように変化してゆくのか。

以上のサブテーマについて、問題点を指摘します。

（1）通常は、①はキーワードの定義でいいのですが、この研究に限っては、「大阪」は、はじめに定義するには、重すぎるキーワードです。いわば、「大阪とは何か」は、この研究の全作業を通して、答えるべきものです。少し、問い方を狭めましょう。「大坂から大阪へ、町は、どのようにして発展していったか」としましょう。それでも、広いかもしれません。「大坂の町はどのようにつくられたか」ではじめるのもよいでしょう。
（2）⑥の「今後の大阪」を問うのは、研究テーマの趣旨からはずれます。研究の進み具合によっては、必要になるかもしれませんが、今は除外しておきましょう。

仮説を設けよう
研究の見通しを立てる②

1-H

演習編→ p.154

　以下の演習の至る所で繰り返しますが、結論は研究の案外早い段階で出るものです。極端な言い方をすると、はじめから直観しています。このテキストを使ってくれている読者の多くは、専門領域を持っていませんから、基礎知識が不足しています。はじめから、結論を意識に上らせるのは無理でしょう。しかし、必要な資料を読破し、研究分野の「知識」が増えてくると、自分の問いの輪郭がはっきりしてきます。すると、結論が直観されるものなのです。問いの深さの程度に応じた結論が見えてくるのです。このことは、論文を書く体験を経てはじめてわかるものですが、重要なことなので早めに伝えておきます。

　いまだ論証されていないけれど、直観によって見えている結論を「仮説」とよびます。直観されているといってもなんとなく感じている程度の場合もあります。イメージはあるが、まだ言葉になっていないことが多いのです。それでも、もどかしい思いをしながらも、とにかく言葉に表現してみます。うまくいえなくても、もう一歩というところまで追い詰めているかもしれません。仮説は１回立てればいいというものではありません。問いを深く深く追い詰めてゆくうちに、「仮説」も次第に洗練されてゆくものなのです。何度でも「仮説」は書き換えられるはずです。

　そのうち、仮説といっても、ある程度根拠を示し得るものも出てきます。仮説も高度化すると、報告に値するものになります。「書き始める前に」で述べたように、論文の結論はすべて中間報告なのです。研究に完結はなく、したがって「完全な論証」は存在しません。その意味で、「論文の結論」を、「ある程度、報告に値するレベルに達した仮説」と定義してもよいのです。

　このように仮説という言葉は、相当広義にとらえるべきなのですが、この演習でいう仮説とは、ごく初期のもの、つまり、今はまだ明確に根拠を言葉で表現することはできないが、うっすらと見えているゴールのイメージのことです。

　仮説はどのようにして得られるのでしょうか。仮説は「直観されている結論」、ふっと偶然見えてくるものですから、それを得るための極意などないのです。強いていえば、「徹底的に疑うこと」です。従来の見方を疑うことです。テーマをとらえる新しい枠組みはないのかといつも考えていることです。どうしたら、古い枠組みを壊すことができるかと考え続けることです。

　古い枠組みは他人のものです。新しい枠組みが見つかるまで、論文は書けません。研究とは、新しい枠組みを発見することであると定義していいのです。

> **仮説設定の要点**
>
> ①直観によってうっすらと見えている答え（結論）をともかく言葉にする。
> ②問いが深まれば仮説は書き換えられてゆく。
> ③仮説に極意なし。従来の見方を「徹底的に疑うこと」。

ケーススタディ ｜ 仮説例

「現代の子どもたちに遊びをとりもどしてやることは可能か」

のテーマで仮説を考えてみます。ちなみに、この研究テーマは、実際に高校生が取り組んだものではありません。本書の解説を進めやすくするために、筆者自身が設けた架空の研究テーマです。

仮説例１

　次の３点に遊びをとりもどす可能性を見る。

　（１）時代の枠組み（たとえば、情報化社会）を子どもの遊びにとって否定的な要因と考えるのでなく、肯定的にとらえなおす。コンピュータ社会を前提にした新しい遊びの可能性があるのではないか。
　（２）学校は器以上の重荷を背負って、あえいでいる。一方、子どもの心の中で学校が大きくなりすぎている弊害に、社会が気づきはじめている。今、学校の教育力の低下を嘆くよりも、むしろ、学校を小さくする方向への試み（週５日制の徹底など）が、子ども文化の可能性を開くのではないか。
　（３）血縁あるいは、古いタイプの地縁ではなく、新しいコミュニティ作りに大人が目覚め、新しい人生設計への創造の意欲が生まれると、その空気は子どもに伝わり、子ども文化の新しい創造がありうる。

　自分で自分の仮説に論評を加えるのは変ですが、これも演習をわかりやすくするためです。辛抱してください。この仮説に対して以下のようなコメントが可能です。

■仮説例１へのコメント

　仮説の設定は、新しい枠組みの発見だといいましたが、上の例では、どのような新しい枠組みが見られるでしょうか。「情報化社会」、「学校の教育力低下」、「地域共同体の崩壊」が、子どもの遊びを奪い、子どもの社会性を奪う要因としながらも、その中にこそ解決の糸口があるのではないかとしている点です。それらを肯定的に見ようという姿勢です。「元凶」であったものが「解決の糸口」になるという「どんでん返し」をねらっています。新しい枠組みを設定しようという意欲が感じられますが、どこまでデータの裏付けが得られるかが鍵です。相当むずかしい作業になりそうです。だからこそ、研究に値するともいえます。

　次に**「いじめは、なぜ起きるのか。その背景にあるものは何か」**というテーマで仮説を立ててみます。これまで多くの生徒が取り組んだテーマですが、下記の仮説は架空のものです。つまり「いじめ」に関する筆者自身の考えです。

仮説例２

　いじめは、集団のありがたみのわからない人間、日本社会を支配している「集団神話」を破壊する者への制裁である。集団へ適応できない者、とくに適応しようと努力をしない人間を、日本人は許さない。いじめる側は、しばしば、いじめの対象になる人間に対して「むかつく」という言葉を使う。「むかつく」のは、彼が（彼女が）、皆（集団）に溶け込めぬ人間、溶け込もうとしない人間だからである。皆の気持ちを察することのできない人間、皆の顔色を読めぬ人間だからである。

　我慢ならないのは、その鈍感さに対してである。「鈍感さ」には２種類あって、一つは集団に受け入れられていないのに、そのことがわからず「いやにのびのび振る舞おうとする鈍感さ」である。皆は、個を押し殺して集団の中に沈んで、その代償に、「ささやかな安らぎ」を得ようとしているのに、一人大きな顔をされたのではたまらない。個を抑えるには、それなりにストレスがたまる。こういう人間を早めに潰しておかないと、集団神話が壊れる。

　もう一つの「鈍感さ」は、一見、第一のそれと対照的に見える「鈍感さ」である。同じく皆の気持ちが読めずに、「小さくなって」おどおどしている。「察しの悪さ」は同じである。卑屈さは、形を変えた反抗である。こういう人間が増えると、やはり集団が安らぎの場でなくなる。いじめには、奇妙な使命感が支配している。いじめる側に罪の意識がないのは、そのためである。

少し、長くなりましたが、この仮説には次のようなコメントが可能です。

■仮説例2へのコメント

この仮説のユニークなところは、いじめは、いじめが行われる集団の外から見ると残忍で非倫理的な行為であっても、内では正義に近い行為として、承認されていることに注目している点です。倫理という点で内と外で大きなギャップがあることを指摘している点です。内にいる者の集団心理をどこまで客観化できるか、論証には相当の困難が予想されます。この仮説の大きな欠陥は、他国のいじめにどこまであてはまるかということです。

最後に、新家君の「仮説」を取り上げます。**「どのような歴史から、今の『大阪』ができあがってきたのか」**がテーマでした。

仮説例3

大阪文化を形づくってきたものとして、次のキーワードを考える。すなわち、①大阪弁　②お笑い　③食べ物　④商売である。それぞれの歴史とその独自性を明らかにすると、大阪文化が見えてくるはずである。しかも、これら4要素が一つの輪でつながっているはずである。どのようにつながっているかをはっきりさせたい。

■仮説例3へのコメント

これは仮説というより、仮説を盛る器が提示されているといった方がいいでしょう。何とか、仮説を構築する4本の柱が立てられていますから、研究の見通しは立っていますが、まだ「4要素をつなぐ輪」が明確な言葉であらわせていませんから、仮説が立てられたとはいえません。四つの要素の相互関係を表現できたら、仮説の提示といえます。

このように、明確な仮説が立たない場合は、研究の進め方を示すだけでもよいのです。別の例を挙げてみます。先に挙げた研究テーマ例「日本人は外来の食文化をどのように採り入れ、独自の食文化を築いてきたか」の場合です。次のような研究方針を提示してみてはどうでしょう。

まず、食文化を食材、調理法、食器、作法などの要素に分け、古代から現代まで、それらが、いつごろ、外国からどのようなルートで、どのような階層に採り

入れられてきたか、食文化導入の、詳しい年表を作る（困ったときは、要素に分ける）。

　その上で、外来の食文化を採り入れながら、どう工夫して日本独自のものに練り上げていったか、その工夫の仕方に共通点はないかを調べる。

　ところで、新家君は、のちに「４要素をつなぐ輪」となるキーワードを見つけることができました。それが、「大阪商人の合理的精神」でした。「大阪弁」「お笑い」「食べ物」「商売」というそれぞれの項目は、一つ一つが独立して存在しているのではなく、大阪商人の、「商売がうまくいくために、何ごとも合理的にものを考え、工夫する精神」によってつながっているという結論に達したのです。

資料を集め、
情報を記録しよう

Chapter 2

資料を集めよう
図書館の活用法を習得する

2-A

演習編→ p.156

資料って何？

「資料とは何か」がほんとうにわかるまでには、相当時間がかかります。実践的な練習が必要です。資料といってもいろいろです。まず、資料を分類することから勉強しましょう。

まず、何に使うのか、目的によって分類してみましょう。資料探しの前に大切なことは、何のために資料が必要なのかをしっかりと理解していることです。資料は三つに分類できます。

資料の目的による分類

①基本資料（基本的知識を得るための資料）
②結論（仮説）を直観するための資料（ヒント情報を含む資料）
③結論の論拠となる情報を収めた資料（証拠固めの資料）

三つのうち最も大切なのは、3番目の「結論の証拠固めのための資料」です。狭義の資料は、この資料を指します。現実には、一つの資料で三つの目的のすべてを包含する場合があるのはいうまでもありません。

ところで、「資料」と「情報」の関係ですが、「情報」を盛る器が「資料」と考えてください。ただし、場合によっては、両者をほとんど同義に用いている場合もあります。念のため。また、最近では資料をメディアと表現することが多いのですが、資料には、自ら取材・調査した「アンケート調査」や「インタビュー」などメディアを介さないもの（自主製作資料）もあるので、本書では「資料」という言葉を多用することになります。

①基本資料

研究領域についての基本的知識を得るための資料です。自分の専門領域を持っている研究者には不要の資料です。本テキストが想定する読者には必要な資料です。Chapter 1-B.「研究領域を決めよう」でも説明しました。

②結論（仮説）を直観するための資料（ヒント情報を含む資料）

　研究の過程は、結果として書かれた論文の記述の順序どおりに進むものではありません。仮説の演習のところで説明したように、論証の根拠となる資料は見つかっていない段階で、結論が直観できるのです。何の変哲もないただの事実の断片に過ぎない情報が、ヒントとなるのです。意味ある資料を探すには、事実の裏に隠されたメッセージを読み取るセンスが必要です。このようなセンスは、どのようにして磨かれるかは仮説の演習のところで述べました。既成の枠組みを徹底的に疑うことです。新しい枠組みを求める意欲があれば、何でもない情報の断片から、メッセージが聞こえてきます。

　最も身近なところでは、自分の立てたテーマそのものに結論を直観するヒントが潜んでいるかもしれません。「いじめは、なぜ起きるのか。その背景にあるものは何か」というテーマ例でいえば、「背景」という言葉が、鍵なのです。いじめという個別の現象が、「時代」や「社会」という得体のしれないものに支配されているという見通しが、テーマの設定者の頭の中にすでにあるのです。そこから少し飛躍しますが、「社会はいじめを容認しているのではないか」と推論してもよいのです。いじめる行為は、個々人の判断だが、社会からOKのサインをもらっているのではないか、という前提に立ってみようと決意するのです。そこから、前述のいじめは、集団のありがたみのわからない人間、日本社会を支配している「集団神話」を破壊するものへの制裁である、という仮説が立ったのです。頭の中にも情報があるのです。そうなると頭が資料ということになります。

　このように考えると、仮説を直観するための情報が、どのような資料に収められているのか、簡単にはいえません。一見、テーマに関係のない資料に思えるものが、新しい枠組みを与える資料になることがあります。テーマを自覚して、研究者として、それこそ24時間アンテナを張って生活していると、思いがけないものが資料になります。自分自身の頭の中にも資料が詰まっているくらいですから、大げさにいえば、見るもの聞くものすべてが資料になります。あるいは研究者の心の奥に情報が眠っているかもしれません。幼いころの原風景が、重要情報になることがあります。このテキストで登場してもらっている新家君の研究を前進させたのは、幼少期に住んでいた大阪の「船場」の生活体験です。

③結論の論拠となる情報を収めた資料（証拠固めの資料）

　結論が直観されてから、その証拠固めのために、本格的に資料探しの作業が始まります。狭義には、資料とはこの「証拠固めの資料」を指します。資料は、結論に導くための踏み石（飛び石）のようなものです。論文は置かれた石を踏んでいって、結論にたどり着くように見せていますが、実際は、踏み石は後から置かれるのです。論文を読んでくれる他人のために踏み石があるのです。つまりはじめに結論があって、あとでつじつま合わせのために資料で証拠固めをするのです。誤解を恐れず思い切っていえば、「はじめ

に結論ありき」です。

　ところで、「資料を探す」演習で最も陥りやすい誤りは、資料の中に「答え」（他人が考えた）を見つけようとする姿勢です。仮説のところで説明したように、これは新しい枠組みではなく、古い枠組みにしがみつく姿勢ですから、研究でも何でもありません。

　「仮説」あるいは「結論」は、どこかにころがっているものではないのです。手軽に見つかったと思っても、それは自分の出した結論ではないのです。結論は、既存の枠組みを徹底的に疑い、自分の頭から新しい視点を搾り出すことです。他人の論を意識的に借用してやろうとするのは、もちろんいけないことですが、もっと恐ろしいのは、資料を読んで、他人の論を「よし」としたのは自分だから、自分が到達した結論であると思ってしまうことです。まったく悪気はありません。このようなケースは、筆者の論文指導の経験からいうと、恥ずかしながらまれではないのです。

　さて、「資料を探す」演習がうまくゆかないのはたいてい、テーマあるいはサブテーマの設定の仕方に問題がある場合です。メインテーマが的確な言葉で表現されていなかったり、必要なサブテーマが欠けている場合です。資料の探し方を反省する前に、テーマの立て方が未熟でないかチェックしてみるべきです。「行き詰まったら、スタート地点に戻って、問いをチェックせよ」です。こうして、問いは叩かれ、深められてゆきます。

　次に、資料の形態によって分類してみましょう。もっとも古典的な分類です。図書（本）か、図書以外かという分け方です。本以外を十把一からげにしてしまう分類です。資料といえば、「まず、本」であった時代の名残りです。

資料の形態による古典的な分類

①図書資料
②図書以外の資料
新聞、雑誌、小冊子、フィルム、録画・録音資料、写真、ビデオ、CD-ROM・インターネット情報等電子メディアから得られる資料、模型資料、実物資料等

　次に挙げるのは、情報を提供するメディアの違いによる分類です。マルチメディアである電子メディアの登場でこの分類はむずかしくなりましたが、一応、電子メディアも他の単体メディアと並べておきます。

資料のメディアの違いによる分類

①活字資料（印刷資料）　図書、雑誌、新聞、小冊子など

②映像資料　映画フィルム、ビデオ

③音声資料　映像を伴わない録音テープ、レコード、CD

④電子メディア資料　CD-ROM、インターネット情報

⑤その他の形態の資料　模型資料、実物資料

　資料といっても、インタビューやアンケートなどのような調査を行って、自分で活字化ないし映像化した資料もあります。あるいはもっと広い意味で、「体験資料」と筆者が呼ぶところの資料もあります。たとえば、電車に乗っていたとき聞こえてきた、乗客の会話をメモしたものも資料です。街の広告看板の「コピー」にハッとすることもあります。最後に、資料が研究者自身の手で作られたものかどうかで分けてみましょう。

メディアを介するかどうかで分類

①メディアを介する資料

②メディアを介さない資料

アンケート調査やインタビューなど取材・調査により研究者が

自ら製作した資料のことです。

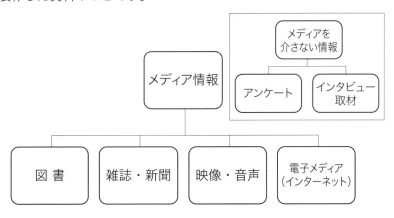

資料はどこにある？

図書館の達人になろう

　資料は、思いがけないところにある、と先に述べましたが、資料の宝庫は、やはり図書館です。図書館のすぐれた使い手になってほしいものです。ここでまた、資料形態の話に戻りますが、「資料の主流が本」という時代ではないので、図書・館というより、資料・館あるいは情報センター、あるいはメディアセンターというべきでしょう。ここでは、「図書館」を広い意味で用います。

　いきなり初心者に「図書館へ行って資料を探しなさい」といっても無理な話です。何

の指導もなく、「図書館に行きなさい」はあまりにも乱暴です。これまでの、日本の学校教育の大きな欠陥の一つは、「課題」は出すが、課題を仕上げる技術を教えないことです。「図書館を使いこなす技術」は、「知的作業の技術」の中で、最も大切なものです。残念ながら、現在でも小学校から大学にいたるまで、ちゃんとした図書館活用教育を受ける機会が少ないようです。

　さて図書館で何ができるのか。図書館は、必ずしも研究のためだけにあるのではありませんが、ここでは研究ということに絞って説明してみましょう。関西学院高等部図書館を例にとります。決して理想的とはいえませんが、高等学校の図書館としては役に立つ図書館だと自負しています。しかし、問題は使い方です。そのことをわかってもらおうと思います。利用者の技量でどんな図書館も役に立ちます。蔵書数が少なくても、設備が不十分でも、「どこにどんな資料があるか」が、その図書館で検索できれば、つまり書誌類が充実していれば、テーマに関連する資料がなくても、最低限の機能を備えているといえます。図書館といえるのです。このテキストの読者が通う学校の図書館、あるいは近隣の図書館が見劣りするものでも、研究ができないというわけではありません。以下、図書館を使いこなす上で最低限必要なことを列記します。

①図書の配列の決まりを知る

　まず知ってもらいたいのは請求記号です。請求記号は、本の背の下の方についているラベルに３段に分けて記されています。

　１段目……「分類番号」です。図書は、内容によって分類され、配架されます。多くの図書館が、日本十進分類法（Nippon Decimal Classification, NDC）に従って分類され、番号が与えられています。

　２段目……原則として、著者の姓の頭文字（アルファベット）をとります。伝記、作家論等の人物論の場合は著者ではなく、書かれている人の姓の頭文字を、各巻著者が異なるシリーズもの、全集は、シリーズ名、全集名の頭文字をとります。

　３段目……「巻冊番号」です。上下本、シリーズ本、全集等には、その順番をアラビア数字で表示しています。また、年鑑等には、何年のものかがわかるように年次をつけています。多くの図書は、１冊で完結していますから、３段目は空欄になっています。

　原則として、この請求記号によって、書架の本の並び方が決まります。

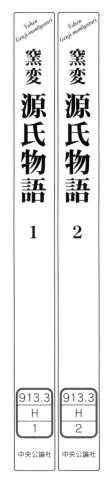

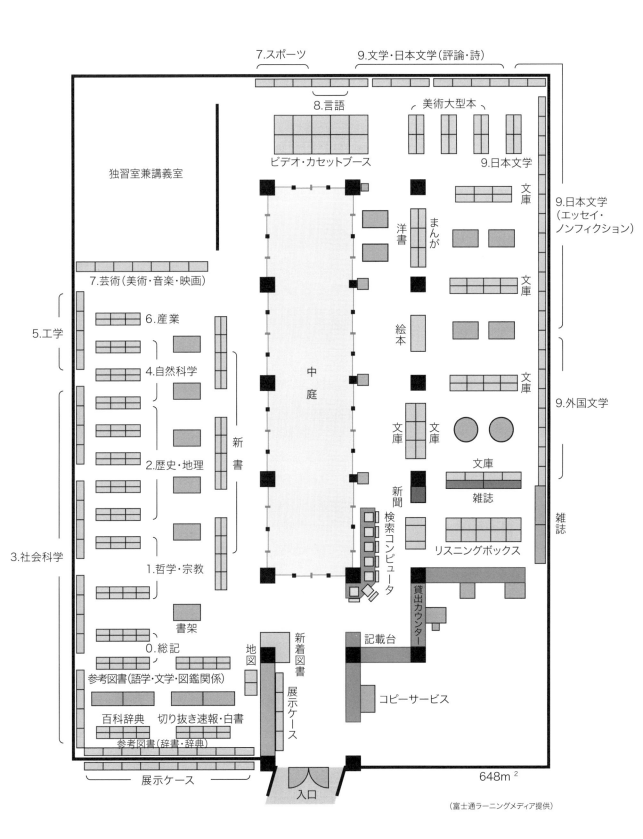

図書館の書架配置例（関西学院高等部図書館）

①まず分類番号の早い順に

②同一分類番号の場合は、2段目に記されているアルファベット順に

③巻冊番号のあるときはその番号の早い順に

ＮＤＣについてミニ講義

　日本十進分類法（NDC）についての学習は、図書館の達人になるために必要です。しかし、「ほどほど」でよいと思います。いざとなれば、図書館司書や司書教諭などの図書館スタッフに聞けばよいのです。あるいは、『日本十進分類法』（日本図書館協会）を読めばわかります。ここでは、「ほどほど」を示しておきます。実際に図書館を使いはじめると、ある程度は自然に身につきます。「習うより慣れろ」です。

　たとえば、NDCは、「913.6」のように表示されています。一つ一つの数字に意味があります。左端から順次右へ見てゆきます。まず、「9」は、最初の10の分類のうちの文学を意味します。次の「1」は、地域区分で日本の意味です。最初の10分類をさらに10分類したものですから、100の分類となります。「3」は、文学のジャンルのうちの小説を意味します。ここで、1000分類したことになります。三つ数字が並んだ後、点を打ちます。そのあとの「6」は、時代区分で明治以後の意味です。10,000分類したことになります。つまり、左から右へ、文学⇒日本の⇒小説⇒明治以後のと範囲を絞ってゆきます。それで「913.6」は、明治以後の日本の小説の意味になります。

　最初の10分類の表（類目表といいます）と、次の100分類表（綱目表）を示しておきます。

　それ以上細かい分類、また最新の分類を知りたいときは、『日本十進分類法』（新訂10版、もり・きよし原編、日本図書館協会分類委員会改訂、日本図書館協会、2015年発行）を見てください。

類目表（1次区分）

0.	総記
1.	哲学・宗教
2.	歴史・地理
3.	社会科学
4.	自然科学
5.	工学・工業
6.	産業
7.	芸術・スポーツ
8.	言語
9.	文学

綱 目 表 （2次区分表）

000	総　記	500	技術、工学、工業
010	図書館	510	建設工学、土木工学
020	図書、書誌学	520	建築学
030	百科事典	530	機械工学、原子力工学
040	一般論文・講演集	540	電気工学、電子工学
050	逐次刊行物・年鑑	550	海洋工学、船舶工学、兵器
060	学会、団体、研究調査機関	560	金属工学、鉱山工学
070	ジャーナリズム、新聞	570	化学工業
080	叢書、全集	580	製造工業
090		590	家政学、生活科学
100	哲　学	600	産　業
110	哲学各論	610	農　業
120	東洋思想	620	園芸、造園
130	西洋哲学	630	蚕糸業
140	心理学	640	畜産業、獣医学
150	倫理学	650	林　業
160	宗　教	660	水産業
170	神　道	670	商　業
180	仏　教	680	運輸、交通
190	キリスト教	690	通信事業
200	歴　史	700	芸　術
210	日本史	710	彫　刻
220	アジア史、東洋史	720	絵画、書道
230	ヨーロッパ史、西洋史	730	版　画
240	アフリカ史	740	写真、印刷
250	北アメリカ史	750	工　芸
260	南アメリカ史	760	音楽、舞踊
270	オセアニア史	770	演劇、映画
280	伝　記	780	スポーツ、体育
290	地理、地誌、紀行	790	諸芸、娯楽
300	社会科学	800	言　語
310	政　治	810	日本語
320	法　律	820	中国語、東洋の諸言語
330	経　済	830	英　語
340	財　政	840	ドイツ語
350	統　計	850	フランス語
360	社　会	860	スペイン語
370	教　育	870	イタリア語
380	風俗習慣、民族学	880	ロシア語
390	国防、軍事	890	その他の諸言語
400	自然科学	900	文　学
410	数　学	910	日本文学
420	物理学	920	中国文学、東洋文学
430	化　学	930	英米文学
440	天文学、宇宙科学	940	ドイツ文学
450	地球化学、地学、地質学	950	フランス文学
460	生物科学、一般生物学	960	スペイン文学
470	植物学	970	イタリア文学
480	動物学	980	ロシア文学
490	医学、薬学	990	その他の諸文学

②別置図書を知る

　原則は、請求記号に従って図書を配架しますが、多くの図書館では、別置図書書架を設けています。これも利用者の便宜を考えてのことです。関西学院高等部図書館の例を挙げてみます。おそらく、どこの図書館も大差ないと思います。

　関西学院高等部図書館の主な別置図書書架は、以下の通りです。

　　　「新着図書」書架
　　　「参考図書」書架
　　　「文庫本」書架
　　　「新書本」書架
　　　「美術大型本」書架
　　　「絵本」書架
　　　「まんが」書架
　　　「洋書」書架　　など

　別置図書も、上の「新着図書」を除いてその書架の中では、やはり請求記号順に並べられています。

　別置図書のうち最も重要なのが「参考図書」書架です。極端な言い方をすると、「参考図書」書架だけで研究に必要な資料・情報を得ることができます。「何はなくとも、参考図書」です。

　参考図書が貧弱な場合、思い切って図書館に要求してみましょう。利用者の力で、図書館を変えるのです。図書館は、使う人が要求しないと変わりません。先に、どんな図書館でも役立つと述べましたが、参考図書があまりにも貧弱な図書館は、低レベルと言われても仕方がありません。予算がないというのは言い訳です。以下、要所要所で具体例を出しますが、量を要求するとお金がかかりますが、質の充実には必ずしもお金はかかりません。図書館を変えるのも研究者の大切な仕事です。図書館は、利用者の要求を待っているのです。

③参考図書を十分に活用する

　参考図書の多くは、「禁帯出」（館内利用）扱いになっています。これは、一般図書とは違って1冊全部ではなく、必要な項目、ページのみを部分的に利用するという特殊性からです。言い換えれば、1冊の参考図書の中に、それだけ豊富な情報が詰まっているのです。まさに、研究論文作成など研究型調べ学習のために存在する図書です。参考図書をいくつかに種類分けして説明します。

■辞書・事典

　辞書・事典といえば、すぐに思いつくのは、国語辞典や語学辞典、百科事典などですが、実は多種多様あります。ふつうは、調べる目的、課題が決まってから、辞書・事典で情報検索するのですが、逆に、辞書・事典の情報（場合によっては、辞書・事典の存在そのもの）が、課題（テーマ）を決めかねている生徒諸君に大きなヒントを与えることがあります。辞書・事典のタイトルを見てまわるだけで刺激を受けることもあります。参考図書がいかに多種多様で、課題を解決するためだけでなく、課題に出合うために役立つ図書でもあることをわかってもらうために、2000冊にも及ぶ関西学院高等部図書館所蔵の辞書・事典の中から、一握りの例を挙げてみます。書誌情報は、著（編）者、書名、出版社、出版年、請求記号の順です。

高津春繁著『ギリシャ・ローマ神話辞典』（岩波書店、1979年）164：K

峰岸純夫，片桐昭彦編『戦国武将合戦事典』（吉川弘文館、2005年）210.4：M

沈伯俊他編著『三国志演義大事典』（潮出版社、1996年）222：S

「沖縄を知る事典」編集委員会編『沖縄を知る事典』（日外アソシエーツ、200.5年）
　291：O

ロビン・E.クラークほか編著（門脇陽子ほか訳）『子ども虐待問題百科事典』（明石書店、
　2002年）367：C

石毛直道ほか シリーズ監訳『ケンブリッジ世界の食物史大百科事典』（朝倉書店、
　2004〜2005年）383：C：1〜5

草野巧著『幻想動物事典』（新紀元社、1997年）388：K

音の百科事典編集委員会編『音の百科事典』（丸善、2006年）424：O

小島紀徳ほか編『ごみの百科事典』（丸善、2003年）518：K

スタンリー・セイディ編『新グローヴオペラ事典』（白水社、2006年）766：S

日本体育学会監修『最新スポーツ科学事典』（平凡社、2006年）780：N

西沢正史編『古典文学作中人物事典』（東京堂出版、2003年）910.3：N

■オンライン辞書・事典

ジャパンナレッジLib（https://japanknowledge.com/library/）

　70以上の辞書、事典、叢書、雑誌が検索できる国内最大級の辞書・事典サイト。複数の辞書・事典から一括して用語を検索できるのが特徴です。情報も随時更新されており、用語解説だけでなく、関連する雑誌記事やWebサイトなどの情報も得ることができます。

　学校・研究機関・公共図書館での団体契約、また月会費を支払って個人で契約する

こともできます (ジャパンナレッジ Personal)。

コトバンク (https://kotobank.jp/)

　朝日新聞、朝日新聞出版、講談社、小学館などの辞書から、用語を一度に検索できるサービスで、無料で利用することができます。百科事典から人名辞典、国語・英和・和英辞典、現代用語辞典や専門用語集といった内容まで幅広く網羅しており、用語の信頼性も高く、情報は随時更新されています。用語解説のほかに、そのキーワードの関連語、関連するニュース記事、Web検索など、さまざまな関連情報が一度に表示されることも特徴のひとつです。

■図　鑑

　映像の時代を反映して、ビジュアルな図書の出版が増えています。「図鑑」という言葉が、タイトルにあっても、部分利用ではなく、通読を目的とする図書もあります。つまり、参考図書ではなく、一般図書なのです。たとえば、アレン・レヴィ著『世界の鉄道模型大図鑑　カラー版』(角川書店、1981年) などは、明らかに1ページから順に読んでゆく図書です。参考図書としての図鑑は、本質的に事典です。ビジュアルな事典です。事典自体がビジュアル化していますから、事典と図鑑は限りなく近寄りつつあるといっていいでしょう。

■年鑑、白書、統計

　いずれも年刊です。1年間の報告書です。先に、資料の分類のところで「結論の論拠となる情報を収めた資料」の重要性について触れました。また、Chapter 3「論文を書き上げよう」でも、何度も論証過程で必要となる「論拠」について説明します。論拠とは、事例もしくは統計数字といった「事実」のことです。年鑑、白書、統計は、「事実」の宝庫です。研究に不可欠の図書です。

　白書とは政府の各省庁が発行する年次報告書のことです。総務省行政管理局が整備、運営している電子政府の総合窓口e-Gov (イーガブ) ポータル (https://www.e-gov.go.jp/) に各省庁が発行している白書へのリンク集が掲載されています。e-Govでは法令検索や行政サービス・施策に関する情報を閲覧することもできます。

　白書の一覧と、その中から「令和2年版 男女共同参画白書」の目次内容 (2020年12月23日受信) の一部を示しておきます。

白書一覧

e-Govポータル「白書等」

https://www.e-gov.go.jp/about-government/white-papers.html

内閣官房	水循環白書
人事院	年次報告書
内閣府	経済財政白書　原子力白書　防災白書　子ども・若者白書（旧青少年白書）　少子化社会対策白書　高齢社会白書　障害者白書　交通安全白書　男女共同参画白書
公正取引委員会	年次報告
警察庁	警察白書　犯罪被害者白書
個人情報保護委員会	年次報告
金融庁	金融庁の１年
消費者庁	消費者白書
総務省	地方財政白書　情報通信白書
公害等調整委員会	公害紛争処理白書
消防庁	消防白書
法務省	犯罪白書　再犯防止推進白書　人権教育・啓発白書　出入国在留管理（白書）
外務省	外交青書　開発協力白書・ODA白書
文部科学省	科学技術白書　文部科学白書
厚生労働省	厚生労働白書　労働経済白書　自殺対策白書　過労死等防止対策白書
農林水産省	食料・農業・農村白書　食育白書
林野庁	森林・林業白書
水産庁	水産白書
経済産業省	通商白書　製造基盤白書（ものづくり白書）
資源エネルギー庁	エネルギー白書
特許庁	特許行政年次報告書
中小企業庁	中小企業白書　小規模企業白書
国土交通省	国土交通白書　土地白書　首都圏整備に関する年次報告（首都圏白書）　交通政策白書
海難審判所	レポート海難審判
運輸安全委員会	運輸安全委員会年報
観光庁	観光白書
環境省	環境白書・循環型社会白書・生物多様性白書
防衛省	防衛白書

男女共同参画白書（令和2年版）の目次

https://www.gender.go.jp/about_danjo/whitepaper/r02/zentai/index.html

男女共同参画白書の刊行に当たって
写真で見る男女共同参画の動き

Ⅰ　令和元年度男女共同参画社会の形成の状況

　　特　集　「家事・育児・介護」と「仕事」のバランス
　　第1章　政策・方針決定過程への女性の参画
　　第2章　就業分野における男女共同参画
　　第3章　地域・農山漁村，防災における男女共同参画
　　第4章　教育・研究における男女共同参画
　　第5章　生涯を通じた男女の健康と高齢者，ひとり親の状況
　　第6章　女性に対する暴力

Ⅱ　男女共同参画社会の形成の促進に関する施策

第1部　令和元年度に講じた男女共同参画社会の形成の促進に関する施策

　　はじめに　令和元年度を振り返って
　　第1章　男女共同参画社会に向けた施策の総合的な推進
　　第2章　男性中心型労働慣行等の変革と女性の活躍
　　第3章　政策・方針決定過程への女性の参画拡大
　　第4章　雇用等における男女共同参画の推進と仕事と生活の調和
　　第5章　地域・農山漁村，環境分野における男女共同参画の推進
　　第6章　科学技術・学術における男女共同参画の推進
　　第7章　生涯を通じた女性の健康支援
　　第8章　女性に対するあらゆる暴力の根絶
　　第9章　貧困，高齢，障害等により困難を抱えた女性等が安心して暮らせる
　　　　　　環境の整備
　　第10章　男女共同参画の視点に立った各種制度等の整備

　　　第11章　教育・メディア等を通じた意識改革，理解の促進
　　　第12章　男女共同参画の視点に立った防災・復興体制の確立
　　　第13章　男女共同参画に関する国際的な協調及び貢献

　第2部　令和2年度に講じようとする男女共同参画社会の形成の促進に関する
　　　　　施策

　　　第1章　男女共同参画社会に向けた施策の総合的な推進
　　　第2章　男性中心型労働慣行等の変革と女性の活躍
　　　第3章　政策・方針決定過程への女性の参画拡大
　　　第4章　雇用等における男女共同参画の推進と仕事と生活の調和
　　　第5章　地域・農山漁村，環境分野における男女共同参画の推進
　　　第6章　科学技術・学術における男女共同参画の推進
　　　第7章　生涯を通じた女性の健康支援
　　　第8章　女性に対するあらゆる暴力の根絶
　　　第9章　貧困，高齢，障害等により困難を抱えた女性等が安心して暮らせる
　　　　　　　環境の整備
　　　第10章　男女共同参画の視点に立った各種制度等の整備
　　　第11章　教育・メディア等を通じた意識改革，理解の促進
　　　第12章　男女共同参画の視点に立った防災・復興体制の確立
　　　第13章　男女共同参画に関する国際的な協調及び貢献

　統計データを利用したい場合は総務省統計局ホームページ（https://www.stat.go.jp/）が
おすすめです。政府統計の総合窓口である「e-Stat」（https://www.e-stat.go.jp/）や主な統
計データを視覚的に分かりやすく提供するWebサイト「統計ダッシュボード」、小中学
生向けWebサイトの「キッズすたっと」などのリンクも掲載されています。

　その他の参考図書として、地図、ハンドブック（便覧、要覧、必携）、書誌があります。ハ
ンドブックは、ある特定の分野の知識・情報をコンパクトにまとめたものです。書誌に
ついては、「⑦館外資料のありかを図書館で知る」のところで触れます。

④新聞記事を活用する

　新聞記事は、新聞そのもののほかに、新聞記事を分野別、テーマ別に編集した月刊雑誌や新聞の縮刷版が便利です。また、インターネットからも新聞記事を検索することができます。具体例で示します。

■『切抜き速報』(ニホン・ミック)

　各新聞社(各全国紙・地方紙・専門紙などの94紙と提携)から配信される各種報道記事を専門分野、テーマごとに編集した切り抜き専門誌です。『教育版』『社会版』『科学と環境版』『健康りてらしい』『食と生活版』『保育と幼児教育版』『福祉ニュース高齢福祉編』『福祉ニュース障害福祉編』『医療と安全管理総集版』のほか、コラムを集めた『コラム歳時記』が出されています。もし、読者がよく利用する図書館にこの種の雑誌がなければ思いきって、リクエスト(購入希望)を出してみましょう。筆者おすすめの資料です。

■『新聞縮刷版』

　関西学院高等部図書館にあるのは、『朝日新聞縮刷版』です。1937年から最新号まであります。1カ月分が1冊にまとまっており、巻頭に記事索引が載っているので、調べたい内容をそこから拾い出して探してみてください。大きな図書館に行けば、複数の新聞社の縮刷版が置いてあります。

■インターネットから最新記事ニュース

　たとえば「朝日新聞デジタル」(https://www.asahi.com/)からは最新の朝日新聞記事が得られます。「社会」「経済」「政治」「国際」「文化・芸能」「ライフ」「教育・子育て」「地域」

などのindexがあります。朝日新聞だけではなく、全国紙・地方紙のホームページから
も最新情報を得ることができます。

■新聞記事・データサービス

学校図書館・公共図書館などで使えるものとしては、たとえば「朝日けんさくくん」は
小学校・中学校・高校向けに用意された、インターネットを使って朝日新聞の記事を検
索・閲覧できるデータベースサービスです。

「ヨミダス歴史館」（読売新聞）「毎索」（毎日新聞）も、学校・図書館・企業単位で新聞記
事が検索・閲覧できるサービスです。いずれも有料で、団体単位で契約します。各図書
館のホームページに利用できるサービスが一覧で掲載されています。

⑤雑誌記事を活用する
■コンテンツサービス

『世界』『中央公論』『文藝春秋』『現代のエスプリ』『ニューズウィーク』等のバックナ
ンバーの目次をコピーし、ファイルしています。これを「コンテンツサービス」と呼んで
います。関西学院高等部では、バックナンバーそのものは書庫に保存しています。

■インターネットから雑誌バックナンバー検索

たとえば、『世界』ホームページ (http://www.iwanami.co.jp/sekai/) から過去10年間の
バックナンバーの「目次内容」を見ることができます。

雑誌『中央公論』も同様に、ネット上 (http://www.chuko.co.jp/koron/back/) で過去10
年間のバックナンバーの目次を見ることができます。

『文藝春秋』についても、ネット上 (http://www.bunshun.co.jp/mag/bungeishunju/
backnumber.htm) で半年前までバックナンバーの内容をたどることができます。

⑥館内メディア検索用コンピュータを使う

さて、最近の多くの図書館には資料探しの手助けをしてくれるコンピュータが備えら
れています。関西学院高等部では生徒が各自でiPadを持っているため、検索コンピュー
タは3台(蔵書検索、インターネットが自由に使える)、授業支援用ノートパソコンが48台(利
用者IDとパスワードにてログオン、論文やレポート作成用) あります (2020年12月末現在)。

以下、しばらく関西学院高等部図書館の使い方を説明しますが、どうか身近な図書館
利用の際に応用してください。

「はじめに」で触れたように、関西学院高等部図書館の検索システムは、インターネッ
トに乗せていますので、このテキストの読者も関西学院高等部図書館にどんな資料があ
るかを検索することができます。ですから、関西学院高等部図書館のコンピュータの検

索画面で検索方法を記述することも無意味ではないと思います。テキストと併用して、インターネットを開いてください。では、関西学院高等部図書館の検索コンピュータで検索の手順を説明します（下の検索画面および検索結果画面は2000年時）。

①下の入力画面（書誌検索画面）に必要なキーワードを入れます。検索条件には、OR検索とAND検索があります。たとえば、「いじめ」と「不登校」のキーワードを持つ図書を検索する場合で説明します。

OR検索：「いじめ」と「不登校」のいずれか、または両方のキーワード（件名）を含む図書を検索します。
関西学院高等部の検索画面には、「いじめ＋不登校」と入力します。

AND検索：「いじめ」と「不登校」の両方のキーワードを含む図書を検索します。関西学院高等部の検索画面には、「いじめ　不登校」と入力します。いじめと不登校の間にスペースを入れます。以下、AND検索（いじめ　不登校）で画面を説明します。

高等部図書館書誌検索（標準）　　　　　　　　　利用方法

詳細検索画面

［　検　索　］　［検索条件のクリア］

キーワード　いじめ　不登校
タイトル
著者名
出版者
出版年　　　　　　　　　　　　ファイル種別
ＩＳＢＮ
ソートキー　　　　　　　　　　　ソート順

②次は、検索結果画面（書誌一覧画面）です。「いじめ　不登校」と入力した結果、15件が検索できました。

書誌一覧（15件）
No.　　　書誌事項
1.　＜BW00426915＞家族療法. -- 朝日新聞社. --（朝日文庫）
2.　＜BW00430700＞親と子の対話術. -- 新潮社. --（新潮選書）

3. ＜BW00436219＞生まれかわる家族. -- 法藏館.

4. ＜BW00468712＞「困った子」に悩む親たちへ. -- 海竜社.

5. ＜BW00469260＞いじめ、不登校、暴力・・・. -- 岩波書店. --（岩波ブックレット 437）

6. ＜BW00492377＞いじめと不登校 / 河合隼雄著. -- 潮出版社, 1999.

7. ＜BW00496779＞生徒指導の知と心 / 山下一夫著. -- 日本評論社, 1999.

8. ＜BW00509385＞家庭のなかの子ども 学校のなかの子ども / 滝川一廣著. -- 岩波書店, 1994.

9. ＜BW00511064＞しぐさでわかる心の病気 / 福田俊一, 増井昌美著. -- エール出版社, 2000.

10. ＜BW00513707＞激変する日本の子ども：子どもデータバンク / 村山士郎, 大東文化大学文学部教育学科村山ゼミナール編. -- 桐書房, 2000.

11. ＜BW00519871＞こころの危険信号：小学生メンタルヘルス・エッセンス / 服部祥子編. -- 日本文化科学社, 1995. --（Mental health essence）.

12. ＜BW00529898＞子どもたちの警告：不登校・いじめは日本の文化 / 冨田和巳著. -- 法政出版, 1996. --（Space M books；4）.

13. ＜BW00537875＞子どもと青年の心の援助 / 竹中哲夫, 近藤直子, 加藤幸雄編著. -- ミネルヴァ書房, 2000. --（心理・福祉臨床の実践；1）.

14. ＜BW00606388＞テレビを見せない子育てのすすめ：いじめ・不登校・暴力・引きこもり等をご心配のお母さまへ / 青山達子著. -- 文芸社, 2001.

15. ＜BW00620826＞学校臨床における家族への支援 / 日本家族心理学会編集. -- 金子書房, 2001. --（家族心理学年報 / 日本家族心理学会編集；19）.

③最終画面は、書誌詳細画面です。書誌一覧から、15の「学校臨床における家族への支援」を選ぶと、以下のような画面がでます。

書誌詳細

図書（和）＜BW00620826＞

標題および責任表示　　　学校臨床における家族への支援 / 日本家族心理学会編集||ガッコウ リンショウ ニ オケル カゾク エノ シエン

出版事項　東京：金子書房, 2001.6

形態事項　4, 209p；21cm

シリーズ名等　　　家族心理学年報 / 日本家族心理学会編集||カゾク シンリ

ガク ネンポウ <BW02003035> 19//b

ISBN　　　4760822984

その他の標題　　　CV:Clinical cases in schools and support through families

注記　　　　家族心理学関連文献一覧: p184-203

注記　　　　文献: 各論文末

本文言語　　日本語

著者標目　日本家族心理学会||ニホン　カゾク　シンリ　ガッカイ <AU00022116>

分類標目　　NDC9:367

件名標目等 BSH:家族関係||カゾクカンケイ //K

件名標目等 FREE:不登校||フトウコウ //K

件名標目等 FREE:いじめ||イジメ //K

件名標目等 FREE:スクールカウンセラー || スクールカウンセラー //K

所蔵一覧（1 件）

No.巻号　年月次　配架場所　　　新着雑誌配架　請求記号

1.　　　　高等部開架　　　367:N

資料ＩＤ状態　　　機関貸出先　　　期限日　予約

9000558248

〈配架場所〉とは、資料のある場所です。ほとんどの資料は、高等部開架と出てきますが、別置場所を表示する場合もあります。「高等部開架文庫」「高等部開架新書」などです。「高等部書庫」と出た場合は、係の人に申し出ます。

〈資料ＩＤ〉とは、資料の登録番号を示すものです。１資料に１番号が与えられます。同一書名の図書が複数冊ある場合も、IDは異なります。資料に貼ってある、バーコードラベルの数字と同じです。貸出のときは、ハンドスキャナーがこの番号を読み取ります。

ここでもう一度、関西学院高等部図書館書誌検索画面のアドレスを記しておきます。関西学院：https://opac.kwansei.ac.jp/?page_id=117/

⑦館外資料のありかを図書館で知る（書誌検索）

書誌は、図書・雑誌の目録（出版目録あるいは図書館など資料機関所蔵目録）です。書誌は、広く世の中に開かれた通路です。ともかくも書誌さえあれば、研究をスタートさせることができます。かつて、分野を限らない書誌（図書目録）として、『日本書籍総目録』（日本書籍出版協会）がありましたが、書誌の電子メディア化が進んで、現在は出版されてい

ません。同じ日本書籍出版協会が、インターネット上に図書検索ページ「Books.or.jp」（http://www.books.or.jp/index2.aspx）を設けています。

　分野別図書目録としては、『歴史図書総目録』、『法律図書総目録』、『経済図書総目録』、『日本理学書総目録』、『スポーツ・健康科学書総目録』（以上、いずれも同図書総目録刊行会）などがあります。そのほか、特殊な書誌として、書誌の目録である『日本書誌の書誌』や『日本件名図書目録』（日外アソシエーツ）などもあります。

　インターネットでは、たとえば、紀伊国屋書店、旭屋書店、ジュンク堂書店などの書籍情報検索ページを開くことができます。また、「公共図書館」の検索ページ（http://www.jla.or.jp/link/public.html）を開いて、そこから各都道府県→各市町村立図書館の蔵書検索画面にたどり着くことができます。

Books.or.jp　詳細検索画面（2000 年当時の画面）

タイトル	書名　　　　　　シリーズ名
著者名	
発行年	年～　　　　年まで（西暦:半角 4 桁）
出版社	
ISBNコード	（前方一致検索:半角）
表示件数	20　　　件ずつ表示

さがす

インターネット情報の資料的価値について

　インターネット情報で信頼できるのは、すでに同じ内容の情報が、印刷メディアの形態としても世に出ている場合です。たとえば、新聞記事、政府の広報などです。これは、厳密にいうと、インターネット情報ではありません。インターネットを通して得られた、印刷情報です。インターネット情報のみを論拠として論文を書くことは、原則として認められていません。追検索の可能性が印刷メディアに比べ格段に落ちるからです。情報は、いつまでもネット上に残っていません。たとえ、信頼できる研究者が発信している学術的な内容のものであっても、著作として書物に載せ、論文として研究雑誌・論文集に出されたものでないかぎり、草稿として考えるべきであって、正式に論を世に問うたものではありません。

　一方、インターネット情報の利点は、何といってもそれが、いわば「無限のページ数を有した、超特大の百科事典」であることです。先に情報内容が、いつまでも残っているわけでないので追検索ができにくいことに言及しましたが、まさにそのことは、逆から見れば長所となりえます。情報の鮮度においては、印刷メディアの追随を許しません。

新聞情報は、少なくとも数時間のタイムラグがあります。インターネット情報は、常に
リアルタイムに近い情報です。また、責任を持って世に発信した情報ではないことが、
別の角度から見ると研究にとって重要な情報となることがあります。つまり、その情報
内容に信頼性がおけなくても、信頼性のおけない情報が、ネット上に現われていること
を一つの「社会現象」と見るならば、つまりこれを研究対象にするなら、十分活用できる
情報となります。

インターネット情報の問題点

①インターネットのホームページ上で情報を発信する者が、情報内容にどの程
　度責任を持っているのか。

②論文の読者が、資料としてのインターネット情報を追検索できるほど、情報
　が長くホームページ上に残っているか（原則として、**読者が追検索できない
　資料は、資料的価値はありません**）。

③信頼性の高い情報を得るため、ドメインを限定した検索方法があります。イ
　ンターネット上のネットワークにおいて、同一の資源を共有するコンピュー
　タのグループを認識するための識別子に、下記のような種類があります。

　　ac.jp…大学、大学共同機関等
　　go.jp…日本の政府機関、独立行政法人等
　　or.jp…財団法人、特殊法人等・国連等の国際的な公的機関の日本支部
　　ed.jp…幼稚園、小学校、中学校等
　　co.jp…日本の営利法人。株式会社、合同会社、有限会社、合名会社、
　　　　合資会社、相互会社等
　　ne.jp…日本国内のネットワークサービス

たとえば、政府機関のサイト内のみを検索したい場合は、検索窓に「福祉site
go.jp/」のように政府機関サイトのドメインである「go.jp/」を指定して検索
します。

資料はどこにでもある、何でも資料になる

　以上、図書館にない資料も含め、図書館を使って探すことのできる資料の探し方を示
しましたが、実は資料はいつどこで出合うかわからないのです。
　研究者としての技量が上がってくると、どこでも資料を見つけることができるし、何

でも資料になることがわかってきます。学問の分野、情報の分野の枠を越えて、資料、情報のありかを嗅ぎ付ける能力が身に付いてきます。

　資料には必ず、その著者の執筆目的（視聴覚資料の場合は、制作目的）があります。たとえば、少女マンガは、研究のための情報を提供しようとしているわけではありません。しかし、研究者は、少女マンガの中からも「重要情報」を得ます。たとえば『ダヴィンチ』という新刊図書情報雑誌のある号で「結婚は得か損か」という特集が組まれました。その特集のあるページに、少女マンガに描かれた恋愛に「時代の変化」が見られる、と書かれていました。すなわち、最近の少女マンガでは、「結婚を目指さない恋愛」を描くケースが増えてきているというのです。言いたいことは、もうおわかりでしょう。「現代人の結婚観」を研究するのに、少女マンガが資料として役立つこともあるのです。

　現代の代表的シナリオライター山田太一が書いた、「パパ帰る」というテレビドラマがあります。この作品は、タイトルからもわかるように、明治後期の家族を舞台にした、菊池寛の戯曲「父帰る」を意識したものです。いずれの話でも、家族を棄て、長い間、行方不明であった父が家に帰ってきます。二つの作品の際立って違うところは、家族の者の、帰ってきた父の迎え入れ方です。この両作品を比較すれば、近代日本の家族像の変遷が読み取れます。とくに家族における父の位置です。ここでは、作品の比較論を展開するつもりはありませんが、研究データの提供を目的にしていない文学作品も研究資料になると言いたいのです。

　先に、研究者自身の体験も資料化できると述べました。新家君も幼いころ、大阪の商いのメッカ「船場」に住んでいました。「船場」の雰囲気を何となく憶えていたそうです。こうした、「ばくぜんとしたイメージ」も研究に役立つことがあります。

ケーススタディ　｜　資料例　　　　CASE STUDY

　資料探しの演習では、使うか使わないかは別にして、使えそうだと思ったらどんどん記録してゆきます。新家君が論文を書くにあたって実際に参考にした図書は、後で示します。実際は使わなかった資料も含めて、新家君がどのようにしてコンピュータ検索画面を出したかわかりませんが、彼のテーマ、サブテーマに沿って、あるいは仮説を手がかりに、関連図書を検索コンピュータで探してみましょう。検索画面の標題（つまり書名）のところに、次のように「大阪　笑い　大阪商人」の三つのキーワードをOR検索 で入力してみました。検索結果169件の資料が出てきました。うち、ごく一部を紹介します。

著者	書名	出版社	出版年
宮本又次（編）	大阪の研究　第一～五巻	清水堂出版	1976
堺屋太一	先取りの群像・大阪	PHP研究所	1983
原田伴彦（他）	大阪古地図物語	毎日新聞社	1980
	大阪産業史	有斐閣	1982
秋田実	大阪笑話史	編集工房ノア	1984
香川登志緒	大阪の笑芸人	晶文社	1977
田辺聖子	大阪弁ちゃらんぽらん	筑摩書房	1983
牧村史陽（編）	大阪ことば事典	講談社	1979
大谷晃一	大阪学	経営書院	1994
尾上圭介	大阪ことば学	創元社	1999

　図書館の蔵書、資料内容は刻々変わるものです。新家君の検索方法も、上と同様に「大阪　笑い　大阪商人」であったとしても、同じ画面が出るとはかぎりません。たとえば、上のリスト中の『大阪ことば学』は、新家君が論文を書き終えた後の、1999年に出版されたものです。

資料リストを作ろう
どんどん記録する

2-B

演習編→ p.159

　必要な資料は、資料を読み、情報を記録する段階、さらには論文を書き上げる段階でも見つかることがあります。そのつど、資料リスト欄に記入します。

図書資料リストを作る（記入の留意点）

①著者が3人以内なら全員、4人以上の場合は筆頭著者だけを書く。「〜他」と記入。

②著者が明記されていないときは、空欄。編者のあるときは、「〜編」と書く。

③訳者があるときはこれも記入。

④副書名は、できる限り書く。

⑤文庫、新書、「〜ブックス」などの場合、出版社が新書名や文庫名から明らかな場合には、出版社（発行所）の欄に、岩波文庫、中公新書、講談社現代新書、講談社ブルーバックス、NHKブックス、と書くだけでよい。

⑥出版年は最も新しい「第○版」と書かれた年を記入。「第○刷」は印刷した記録なので、その年は書きません。

　　例　2015年3月31日　第1版第1刷発行
　　　　2016年4月11日　第2版第1刷発行　←出版年はここ
　　　　2020年2月 8日　第2版第2刷発行

⑦利用個所の欄には、百科事典など、その図書の一部が役立つ場合の該当個所（ページ数、章、項目名）を書く。1冊全部参考にする場合は、「全」と記入する。

⑧所在を明確にしておく。図書館の図書の場合は、所在の欄に図書の請求記号と配架場所を書く。

雑誌・新聞資料リストを作る（記入留意点）

①雑誌・新聞名に発行所名が含まれている場合は、発行所欄は記入しない。（例：週刊朝日、読売新聞）

②雑誌の場合は、雑誌名のあとにページを書く。

③所在を明確にしておく。（図書館、自己所有等の別）

映像・音声資料リストを作る（記入留意点）

①放送の録画・録音の場合は、制作者の欄に制作放送局名を、制作年月日欄に放送日を記入

②映像・音声資料については、自己所有のものを原則とする。他人所有の（学校の）録画・録音資料を使用する場合は、著作権法の範囲内であること。先生（指導者）の指示に従うこと。学校などの教育機関の著作権法の規定は、第35条です。以下に示します。

> 第35条第１項（学校その他の教育機関における複製）
> 学校その他の教育機関（営利を目的として設置されているものを除く。）において教育を担任する者及び授業を受ける者は、その授業の過程における利用に供することを目的とする場合には、その必要と認められる限度において、公表された著作物を複製し、若しくは公衆送信（自動公衆送信の場合にあっては、送信可能化を含む。以下この条において同じ。）を行い、又は公表された著作物であって公衆送信されるものを受信装置を用いて公に伝達することができる。ただし、当該著作物の種類及び用途並びに当該複製の部数及び当該複製、公衆送信又は伝達の態様に照らし著作権者の利益を不当に害することとなる場合は、この限りでない。

電子メディア（インターネット、CD-ROMなど）情報リストを作る（記入留意点）

①インターネット情報の場合は、発信者（Webページを制作した人・団体名）、Webページ名（ブラウザのウィンドウに表示されるページ）、Webサイト名、更新年月日、URL（アドレス）、アクセス年月日を記入する。

②CD－ROM情報の場合は、映像・音声資料と同様、制作者、タイトル、制作年を記入する。

情報を記録しよう
研究カードを作ろう

2-C

演習編→ p.165

　資料を読んで、研究に役立つ情報をB6カードに記録してゆきます（研究カード）。研究過程の中で、最も時間を費やす部分です。研究カードには、4種あります。引用カードと要約カードの作成要領は、テーマを決める前段階、基本資料を読んで基本的知識を記録する（「情報カード」作成）際、すでに経験しています（p.23参照）。

> ### 研究カードの種類
>
> （ a ）**引用カード**：資料の情報のうち役立つ部分をそのまま引用する場合（切り抜き、またはコピーを貼りつける場合も含む）。引用カードの数は極力抑える。
> （ b ）**要約・加工カード**：資料から得られた情報のある部分を自分の研究に役立つように加工したり要約したりする場合。
> （ c ）**意見カード**：研究過程で獲得した、新しい発想、キーワード、たどりついた考えなどを書きとめておく。
> （ d ）**サブテーマ結論カード**：サブテーマの結論を書き込む。

　どのカードにも「見出し」、「作成日付」を書きます。（ a ）（ b ）については出典とページを明記します。サブテーマを意識すると、カードが書きやすいので、作成したカードには、サブテーマ番号を記入しておきます。同じサブテーマ番号の付いたカードの情報を総合して、各サブテーマの結論カードを作ります。

　テーマ、サブテーマが自分のものになっていないと意味のあるカードが書けません。サブテーマの設定に問題があるために、研究カードが作りにくくなることもあります。その場合は、サブテーマを設定し直します（サブテーマを新たに設定したり、削ったり、表現を変えたりします）。さらには、メインテーマそのものの修正を迫られることもあります。

　研究が進むとテーマも成長してゆくのです。サブテーマを設定し直した場合は、サブテーマの体系が変わりますので、各カードの所属も変わって、すでに書き込んであるサブテーマ番号を書き換えねばならないこともあります。

　ところで、情報カードを作るのは、あくまで自分の研究に役立てるためです。資料を

まとめるのが目的ではありません。目次や索引を頼りに活用できる部分を探しましょう。資料が目指す方向と研究が目指す方向は違います。

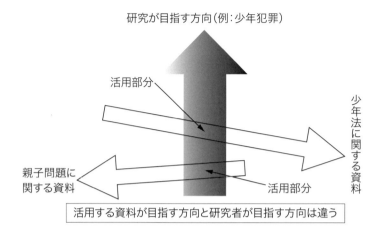

活用する資料が目指す方向と研究者が目指す方向は違う

ケーススタディ | 研究カード例　　　CASE STUDY

4種のカードについて、以下に例を挙げておきます。

（a）引用カード

引	ホイジンガによる遊びの定義
2007. 5/4	「われわれは遊びを総括して、……一つの自由な活動である、
①	と呼ぶことができる。この行為はどんな物質的利害関係
	とも結びつかず…… それは規定された時間と空間のなかで
	決められた規則に従い、秩序正しく進行する 」
	ホイジンガ著『ホモ・ルーデンス』p.42
請求記号 209 H	

①はサブテーマ番号

※同じ資料から何枚もカードを作る場合は、2枚目から著者名を省略してもよい。

（b）要約・加工カード

要	**カイヨワによる遊びの定義**		
2007. 10/1	1.自由な活動(強制されない)		
①	2.隔離された行動(空間と時間の制限)		
	3.不確定の活動(結果がわからない)		
	4.非生産的活動(利益・損失を生じない)		
	5.規則のある活動(その遊びのみに通用するルールの存在)		
	6.虚構の活動(非現実の意識を持つ)		
	R.カイヨワ著『遊びと人間』p.40		
請求記号 104 C			

（c）意見カード

意	**現代の子どもの活動の吟味①少年のスポーツクラブ**		
2007. 11/1	大人に管理され、大人の願望充足の手段になっている。		
⑤	ほとんど、ピアノ教室、書道教室に通うのと変わりない。		
	本質的には、学習塾と変わりない。		
	子どもの自発性、自立性は育たない。		

（d）サブテーマの結論カード

結	①遊びとは何か？
2008. 2/14	ホイジンガ、カイヨワの定義を参考にしながら、
	本研究では、次のように定義する。
	①何らの利益を得ることを期待しない行為
	②誰からも強制されたものでない自由な行為
	③一定のルールに基づいて行われる
	④限られた時間と空間の枠内で行われる
	⑤事後に行為の影響が及ぶことはない
	⑥何かの手段ではなくそれ自体が目的である

新家君の結論カードを2例挙げておきます。

結	⑤大阪の食文化はどうして「食い倒れ」とまでいわれるようになったのか
1997.10/1	「安く、うまく、早く」という合理的な考え方から、大阪の
	大衆食文化が成立した。短い時間で昼御飯を食べてしまい
	たい、しかし、ちゃんと栄養のあるものでないといけないと
	考える忙しい大阪商人のために新しいメニューを考え
	出そうとする料理人のもとには、常に新しい食材が入って
	くる。大阪の商いの合理的精神は、食文化にも大きな影響を
	及ぼしてきた。「食い倒れ」は、言葉上は、飲食に贅沢をして
	財産をつぶすという意味になるが、実際は、明日の活動の
	ために、食事にはけちけちしないことを意味している。
	安くて栄養のあるものを食べようという大阪人の食への
	こだわりから生まれた言葉である。

⑤はサブテーマ番号

	⑤大阪商法は、どのようにして 形成されたか
結	
1998.2/14	大坂は、商人が町の行政を動かしてきた。商人は、
	同じことをしていては、もうけることができない。
	大坂商人は、人と違ったことをしようと絶えず考え、
	互いに競争しあってきた。大坂の商売の成功は、
	合理精神にもとづく資本主義的自由競争によって
	もたらされたものである。
	どんな小さなことでも、少しの便利さにも目をつけ、
	それを大きくしてゆく、このパワーが、商業の町、
	大阪を築き上げてきた。

論文を
書き上げよう

Chapter 3

結論を書こう
中間報告書を作成する

3-A

演習編→ p.166

結論って何？

　「結論を書く演習」で注意しなければならないのは、知らず知らずのうちに、小学校以来の「感想文教育の成果」（？）があらわれることです。どのような文章にも、「〜と思う」と締めくくらないと落ち着かない体になっていないでしょうか。

　一番多い終わり方が、「〜すべきだと思う」です。研究でせっかくりっぱな結論に達しているのに、論文の「結論の章」では、結論が述べられず、何と、小学校以来訓練を受けてきた、あの「感想文」が顔を出してしまうのです。研究が不十分なため感想文でごまかしているのではなく、ちゃんと結論が書けるまで論が詰められているのに、それを書かないのです。あるいは、書かれていても、それ以上に「〜すべきだと思う」の部分に力が入っているのです。感想文式作文教育の後遺症です。

　研究テーマ（問い）が、「〜にどのような影響を与えたか」「〜の原因は何か」「〜の背景にあるものは何か」であるのに、結論では平気で「〜すべきであると思う」と書いてしまうのです。問いと結論が呼応していないのです。

　後に触れますが、新家君の結論にもやや「感想文式作文教育」の影響が見られます。わかりきったことですが、結論とは、テーマ（問い）に呼応する「答え」です。

結論とは

①結論とは、テーマ（問い）に呼応する「答え」。

②「〜すべきだと思う」式の感想文になってはならない。

　結論は、研究の中間報告書の中に書き込みます。結論が出ているのに、なぜ「中間」かというと、一つには、まだ論文が書かれていないからです。二つ目は、ここで報告される「結論」は、最終的なものでないからです。これから何度も書き直されるのです。書き直しを前提に他人に見てもらう報告書を書くのです。報告書は、次のような構成になっています。

> **報告書の構成**
>
> ①研究テーマ（問い）
> ②結論：問いに呼応した答えを書く。
> ③論拠：どのようにしてそのような結論に至ったかの根拠を（できれば、事例あ
> 　るいは統計数字を示しつつ）わかりやすく書く。箇条書き可。
> ④今後の課題：論拠不十分な点は何かを書く。
> ⑤参考資料

　他人の前で発表することを前提に作成します。結論に至る研究過程が論理的であるか
どうかを吟味するために書きます。テーマに関して、何らかの発見があったかどうか、
新鮮な論点を見出しえたかどうか、ふりかえってみます。

　自分の研究を客観的に見る機会となります。聞いてもらう相手、見てもらう相手がい
なくても書きます。自分自身が聞き手になり、批判者になってやるのです。なお、他人
からもらった批評も書きとめておきます。

論文の名に値するもの——結論が新しいか、証拠が新しいか

　ところで、どのようなものが、論文の名に値するのでしょうか。簡単にいえば、「新し
い知見を示した場合」です。新しい論理（ことば）を提示することといってもいいでしょ
う。もっと平易にいうと、**「今までになかった、もっとわかりやすい説明がなされた場
合」**となります。今まで何の疑いもなく広く使われてきた言葉や説明に疑問を呈し、こ
れに取って代わる新しい言葉やよりわかりやすい説明が「結論」の中身であれば、論文
といえます。

　すぐれたテーマ例として紹介した「身体障害者は、なぜ弱者扱いされるのか」を思い
出して下さい。このテーマには、すでに、「身体障害者にとって生活しにくい環境を社会
が作っておきながら、つまり、差別の結果、弱者扱いされている」という仮説が含まれて
いる、と説明しましたが、この仮説が、論拠となる事実（事例と統計数字）を示して、論証
されれば、結論の名に値します。つまり、りっぱに論文といえます。仮説の結論化です。
この結論は、今までになかった新しい説明に相当するでしょう。身体障害者＝弱者とい
う常識を打ち破る視点が「弱者扱い」という言葉にあらわれています。社会の側が、身
体障害者に「弱者」のレッテルを貼りつけているというのは、今までの常識にない「新し
い説明」です。

　なお、たとえ結論が、常識の域を出なくても、論拠が強力であれば、論文として発表
するに値します。結論内容が平凡でも、新しく、説得力のある事実（事例や数字）に裏づ

けられた結論であれば、結論の名に値します。つまり、論文といえます。生徒・学生の、「研究」と呼ばれるものの大半は、これでしょう。まとめると、論文の名に値するのは、次のいずれかです。

1）新しい説明がなされている（新しい結論）。
2）新しい、説得力のある論拠が示されている（新しい証拠）。

ケーススタディ ｜ 中間報告書例

中間報告書例を示します。本テキストおなじみの「遊び」をテーマにした例です。

研究テーマ

現代の子どもたちに遊びをとりもどしてやることは可能か

[結論]
①子どもたちの前に立ちはだかる壁は厚く高い。地域社会の崩壊と情報化社会の進展を阻むことはできない。受験体制を崩すのは、相当の年月がかかる。大人の手の加わっていない、自然環境を基盤にした、純粋に子どもの作品といえる、従来型の遊びの回復は、困難といわざるをえない。
②しかし、時代の枠組み（たとえば、情報化社会の進展、地域社会の崩壊）を否定的に考えるのでなく、肯定的にとらえなおすなら、従来型ではないが、新しい型の遊びの誕生が可能である。その兆しがある。

[論拠]
　『子ども白書』等の資料を手がかりに、子どもの遊びの現状を捉えた。都市地域では、遊び時間は小学校３年以上で急激に減少する。「野外で」と「友だちと」という条件を加えると０時間という子どもの数が他を圧倒する。つまり、「室内での一人遊び」という姿が浮き彫りになる。遊びの形態も「テレビゲームをする」、「テレビを見る」等に限定されてくる。放課後、休日の「忙しさ」は大人以上である。学習塾を含めた習いごとでスケジュールは埋まっている。
　遊びの喪失が、子どもの内面にどのような影を落としているかは、子どもの姿を外から探るしかない。「不登校」「非行」「いじめ」などを手がかりにした。ただし、不登校、非行、いじめの原因論を展開しようとしたわけではない。遊

びの喪失の影響があらわれているはずの場として注目したのである。公けに
なっているいくつかの事例から、遊び喪失の、さまざまな影響を読みとること
ができる。その中でもっとも重大かつ深刻な影響は、仲間遊びを体験しないこ
とで、自己―他者関係の訓練の機会を失っていることである。しかも、やっか
いなことに、友がいない欠落感を自覚しないで済む別の手段が子どもたちに提
供されている。テレビゲームなどで他者との関係を体験したかのような錯覚が
与えられる。バーチャルリアリティなどとよばれる世界で遊ぶことができるの
である。

　何が子どもの遊びを奪ったのか。その第一は地域社会の崩壊である。大人の
人間関係が希薄になってゆけば自ずと子どもの遊び仲間も形成されにくくな
る。第二は、誰もが指摘するように受験体制である。物理的に子どもから遊び
の機会を奪っている。第三は、情報化社会である。「コンピュータ遊び」にのめ
り込めば、友のいない空虚感を忘却することができ、遊びを創造する仲間を求
めなくなる。いっそう遊びから遠ざかってゆく。以上三つの要因は相互に影響
しあって他のはたらきを強め合う。

　以上、遊びの喪失要因を述べたが、まさにその要因が、同時に遊びの回復の
可能性を孕んでいると言える。すなわち、時代の枠組みを否定的に考えるの
でなく、肯定的にとらえなおすなら、従来型ではないが、新しい型の遊びの誕
生が可能である。その第一は、情報化祉会の進展に伴い、子どもたちが電子メ
ディアを通して新しい型のコミュニケーションを模索しつつあることである。
第二は、血縁あるいは古いタイプの地縁ではなく、新しいコミニュティ作りに
大人が目覚めつつあることである。大人に、新しい人生設計への創造の意欲が
生まれるとき、その空気は子に伝わる。子ども文化の新しい創造がありうる。

[今後の課題]
　「新しい型の遊びの可能性が芽生えつつあること」の論拠となる資料が不十
分である。

[参考資料]
小川信夫著『情報社会の子どもたち』(本邦書籍、1993年)
カイヨワ著『遊びと人間』(講談社学術文庫、1985年)
加賀谷真由美著『子どもとつくる遊び場とまち　遊び心がキーワード』(萌文社、
　2001年)
香山リカ著『テレビゲームと癒し』(岩波書店、1996年)
住田正樹・南博文編『子どもたちの「居場所」と対人的世界の現在』(九州大学出

版会、2003年）

中西新太郎著『子どもたちのサブカルチャー大研究』（労働旬報社、1997年）

日本子どもを守る会編『子ども白書2002年版』（日本子どもを守る会、
　2002年）

萩野矢慶記著『街から消えた子ども』（大修館書店、1994年）

藤本浩之輔著『遊び文化の探求』（久山社、2001年）

ホイジンガ著『ホモ・ルーデンス』（中公新書、1989年）

山下恒男著『テレビゲームから見る世界』（ジャストシステム、1995年）

山本清洋編『大都市と子どもたち　遊び空間の現状と課題』
　（東京都立大学出版会、2001年）

燕三条青年会議所「遊びの大図鑑」
　http://www.tsubamesanjo-jc.or.jp/kodomo/　2003.2.15

アウトライン（目次）を作ろう
論証の体系を組み立てる

3-B

演習編→ p.167

アウトラインって何？

　ここでいうアウトラインとは、論文の骨格のことです。論文の目次の原形といっても
いいものです。アウトラインの基礎となるのは、サブテーマとサブテーマの結論です。
サブテーマは、体系ではなく、解決すべき小課題の断片です。一方、アウトラインは、
「どうしてそのような結論に至ったのか」を示す、順序のはっきりした体系です。「小課
題の断片」と「論証の体系」とは、もともと異質なものです。しかし、アウトラインのルー
ツをたどるとサブテーマに行き着きます。

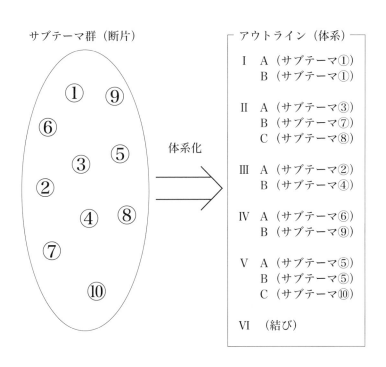

　アウトラインのルーツは、サブテーマですから、アウトラインの体系とサブテーマの
一覧表は、似通ったものになります。しかし、全く一致することはないはずです。サブ
テーマは問いの細分化であり、「順序」にはあまり神経が使われていません。

　アウトラインは、順序が大切です。結論に至る道筋が問題なのです。Chapter 3-C.
「論文の概要を書こう」の例で示すように、「研究分野の解説の章」から「分析・論拠提示

の章」に向かうはずです。サブテーマの項目は同じでも、順序は相当変えねばならないのです。また、アウトラインこそ体系の名にふさわしいものですから、大項目、小項目に分かれるはずですが、サブテーマの方は、あくまで問いの羅列です。

　サブテーマを土台にアウトラインの体系を組み立てる前にぜひしておかねばならない作業があります。それは、サブテーマごとに、研究カードをまとめてグループ分けしておくことです。各サブテーマのカード群の一番上に、各サブテーマの結論カードを乗せて輪ゴムでとめておくといいでしょう。

　アウトラインを組み立てたら、サブテーマごとにグループ分けされている研究カード群は、解体され、アウトラインに沿って新たにグループ分けをし直さねばなりません。以下の、サブテーマとアウトラインの対照表の例（テーマは、例によって「現代の子どもたちに遊びをとりもどしてやることは可能か」）を参考にしながら、自分の論文の、アウトラインを作ってみてください。

ケーススタディ　｜　アウトライン例

サブテーマ	アウトライン

①遊びとは何か　──────▶　Ⅰ．遊びとは何か
　　　　　　　　　　　　　　　　A．遊びと労働
　　　　　　　　　　　　　　　　B．遊びと祭礼（宗教）
　　　　　　　　　　　　　　　　C．遊びとスポーツ

②子どもの発達過程で遊びは　──▶　Ⅱ．子どもの発達と遊び
　どんな役割を果たしているか　　　A．幼児期
　　　　　　　　　　　　　　　　B．学童期
　　　　　　　　　　　　　──▶　Ⅲ．遊びと人格形成
　　　　　　　　　　　　　　　　A．遊びと自我の発達
　　　　　　　　　　　　　　　　B．遊びと社会性の獲得

③何が子どもの遊びを奪ったのか　　Ⅳ．子どもの遊びの現状
④今、子どもたちは余暇を　　　　　Ⅴ．子どもをとりまく環境
　どのように過しているか　　　　　　A．受験体制
　　　　　　　　　　　　　　　　B．情報化社会
　　　　　　　　　　　　　　　　C．家庭の動揺

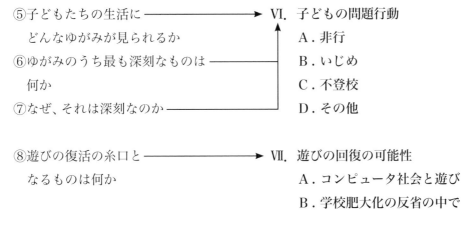

⑤子どもたちの生活に ────────→　VI.　子どもの問題行動
　どんなゆがみが見られるか 　　　　　　　A．非行
⑥ゆがみのうち最も深刻なものは ─── 　　B．いじめ
　何か 　　　　　　　　　　　　　　　　C．不登校
⑦なぜ、それは深刻なのか ─────── 　　D．その他

⑧遊びの復活の糸口と ────────→　VII.　遊びの回復の可能性
　なるものは何か 　　　　　　　　　　　A．コンピュータ社会と遊び
　　　　　　　　　　　　　　　　　　　　B．学校肥大化の反省の中で

　　　　　　　　　　　　　　　VIII.　結び

　研究結果の体系だといっても、アウトラインは何度も書き直され、練られてゆきます。下書きの段階で、アウトラインの不備に気づくこともあります。最終的なアウトライン、すなわち、正式な目次ができあがるのは、清書の直前といっていいでしょう。

論文の概要を書こう
下書きを書く前に各章で書くべきことをまとめる

3-C

演習編→ p.169

　「アウトライン作成」と「下書き」をつなぐ作業が、「論文概要作成」です。アウトラインを見直し、下書きをスムーズに進めるために必要な作業です。以下の論文概要例では、「定義の章」から「研究分野の解説の章」、「分析・論拠提示の章」を経て「結論の章」に至る標準的な例を示していますが、論文によっては、「定義の章」が不要の場合や「研究分野の解説の章」と「分析・論拠提示の章」が交互に書かれる場合もあります。

論文概要例

[研究テーマ] 現代の子どもたちに遊びをとりもどしてやることは可能か

Ⅰ．遊びとは何か（定義の章）

　ホイジンガとカイヨワの著作を参考にしながら、遊びを次のように定義する。すなわち、①利益を得ることを期待しない行為、②強制されない、自由な行為、③一定のルールに基づく行為、④限られた時間・空間の枠内の行為、⑤事後に影響しない行為、⑥手段ではなく、それ自体が目的である行為、である。

Ⅱ．子どもの遊びの現状（研究分野の解説の章）

　『子ども白書』等の資料を手がかりに、子どもの遊びの現状を記述する。都市地域では、遊び時間は小学校３年以上で急激に減少する。「野外で」と「友だちと」という条件を加えると０時間という子どもの数が他を圧倒する。

　つまり、「室内での一人遊び」という姿が浮き彫りになる。遊びの形態も「ゲームをする」、「テレビを見る」等に限定されてくる。放課後、休日の「忙しさ」は大人以上である。学習塾を含めた習いごとでスケジュールは埋まっている。

Ⅲ．遊び喪失の影響（研究分野の解説および分析・論拠提示の章）

　遊びの喪失が、子どもの内面にどのような影を落としているかは、子どもの姿を外から探るしかない。「不登校」「非行」「いじめ」を手がかりにした。遊びの喪失の影響があらわれている場として注目した。いくつかの事例から、遊び喪失の、さまざまな影響を

読み取ることができる。その中で最も重大かつ深刻な影響は、仲間遊びを体験しないことで、自己―他者関係の訓練の機会を失っていることである。しかも、やっかいなことに、テレビゲームなど友だちがいない欠落感を自覚しないで済む別の手段が子どもたちに提供されている。

IV. 子どもの遊びを奪ったもの（分析・論拠提示の章）

　何が子どもの遊びを奪ったのかを考察する。その第一は地域社会の崩壊である。大人の人間関係が希薄になってゆけば自ずと子どもの遊び仲間も形成されにくくなる。第二は、誰もが指摘するように受験体制である。物理的に子どもから遊びの機会を奪っている。第三は、情報化社会である。テレビゲームにのめり込めば、友のいない空虚感を忘却することができ、遊びを創造する仲間を求めなくなる。いっそう遊びから遠ざかってゆく。以上三つの要因は相互に影響し合って他のはたらきを強め合う。事例およびデータを示しつつ三つの要因が子どもの遊びの喪失とつながっている姿を明らかにする。

V. 遊びの回復の糸口（分析・論拠提示の章）

　IVでとりあげた「受験体制」については、「総合学習」、「ゆとり教育」、「週5日制」が、受験に傾斜した「伝統的な学習観」を見直すきっかけになっているかどうかを検討した。子ども文化を大きく変えるほどの力にはなりえてはいないが、全国各地の学校で注目すべき実践が見られる。これらが、やがては、子どもたちの遊び文化を再創造する糸口になるかもしれない。

　また、従来型ではない、新しい型の遊びの誕生の兆しが見える。いくつか、「大人たちの新しい地域づくりの試み」を紹介しながら、大人たちの地域における創造的な活動が、子どもたちの遊び文化を回復させる可能性について述べる。また、ネット時代の新しいコミュニケーション手段（携帯電話など電子メディア）が、子どもたちの遊び文化の再創造につながるものであるかどうかを考察する。

VI. 結び（「分析・論拠提示の章」を中心に「概要」全体を要約しつつ、「結論」を明示する章）

　子どもたちの前に立ちはだかる壁は厚く高い。地域社会の崩壊と情報化社会の進展を阻むことはできない。受験体制を崩すのは、相当の年月がかかる。「大人の手の加わっていない、自然環境を基盤にした、純粋に子どもの作品といえる従来型の遊びの回復」は、困難といわざるをえない。現時点では、子どもたちの遊びが、明確に回復の方向に向かっているとはいえない。

　しかし、①学習観の見直し、②新しい地域文化の創造、③ネット時代における新しいコミュニケーションの芽生えなど、ようやくその土壌が形成されつつある程度ではあるが、子どもたちの遊び文化の再創造の可能性も見え始めている。

下書きを書こう
本論を組み立てる

3-D

演習編→ p.170

下書きって何？

　アウトラインごとに新たにグループ分けされた研究カードの情報をもとに、アウトラインの最小単位 (たとえば、「Ⅰ遊びとは何か　Ａ遊びと労働」の項) を文章化してゆきます。論文の本文を書いてゆくのです。もっとも、Ⅰ‐Ａから順に書いてゆかねばならないということはありません。書きやすいところから、書いていいのです。最終章―結び (つまり、結論の章) から書いてもいいのです。

　もちろんアウトラインに従って文章化してゆくとき、アウトラインの組み立て方の不十分さに気づくことがあります。アウトラインを修正せねばなりません。何度も二つの演習過程を往復することによって論文は練られてゆくのです。下書き用紙は、手書きの場合は、原稿用紙を使います。パソコンの場合は、用紙は自由ですが、メモ書きができるように少し行間を広めに取っておいてください。

> アウトラインを組み立てる
> ↓↑
> 下書きを書く

文の構成　パラグラフとトピックセンテンス

　下書きで、まず注意すべきことは、段落 (パラグラフ) を意識して記述することです。一つの段落には、一つの論理があります。その論理を最も端的に表現した文章をトピックセンテンス (中心文) といいます。その段落で何をいおうとするのか一言で述べた文といってもいいでしょう。トピックセンテンス以外のセンテンスは、サポーティングセンテンスといいます。トピックセンテンスの内容を読み手に納得させる働きをします。トピックセンテンスに赤でアンダーラインを引いておくといいでしょう。あとで、赤線の引かれたトピックセンテンスだけを拾い読みすると、下書きの、論の展開上の問題点が発見できます。なお、一段落の字数は、150字〜300字程度を目安とするとよいでしょう。(ちなみにこの段落のトピックセンテンスは、1行目の下線部です。)

　実際に生徒が書いた論文の文章から、一段落を取り出してみます。「どのようにして、今の大阪ができあがってきたのか」という研究テーマを立てた新家君の文章です。下線

部がトピックセンテンスです。

> 大阪商人にとって、料理屋、飲食店は、商売上都合のよい存在であったから江戸時代から発達してきた。自家で造った粗末なもので接待することは失礼になるという考えをもち、彼らは、商談、取引客の接待をはじめ、冠婚葬祭や日常の来客の場合にも料理屋や仕出し屋を利用した。料理や、飲食店などの店数と人口を『大阪市統計書』で見ると、実に多いことがわかる。大阪市内には、宴席料理、懐石料理、川魚料理、かき船、すき焼き、てんぷら、関東炊き、うどん、ビアホール、カフェー、喫茶店などなど多彩な看板やのれんが並んでいたのである。

段落（パラグラフ）を意識して書こう

①一つの段落には、一つの論理がある。
②トピックセンテンス（中心文）＝何をいおうとするのか一言で述べた文。
　（下書きではアンダーラインを引くとよい）
③サポーティングセンテンス＝トピックセンテンスの内容を納得させる文。

原稿用紙の使い方

　最近は、パソコンの普及で用紙は必ずしも従来のマス目の並んだいわゆる「原稿用紙」が使われるとは限りません。ただ、パソコンの場合でも、従来の原稿用紙に適用されたルールはそのまま生きているので、以下、「原稿用紙」の使い方の基本的なルールを列記します。原稿用紙の書き方、文の表記法については、世に多くの解説書が出ているので、ここでは簡略に記するにとどめます。

①原稿は、他人に読まれること、あるいは、印刷されることを前提にして書かれるものである。しっかりした楷書で書く。原稿用紙のマス目の大きさを無視してはいけない。常に読み手のことを考える。
②章（Ⅰ、Ⅱ、Ⅲ……）、節（A、B、C……）のタイトルなど、見出しの前後は1行あける。
③段落の最初のマス目は、必ずあける。
④符号にも1マスを与える。ただし、句読点や括弧 ）、」が行頭に来ないようにする。前行の最後に書き込んでしまう。また、（ 、「だけが行の最後のマス目に来る場合は、次の文字も括弧と同じ最後のマス目に入れてしまう。
⑤算用数字、欧文文字は1マスに2字入れる。
⑥直接他の資料を引用する場合の引用符は「　」を用い、引用中の引用には、『　』

を用いる。

⑦引用中の補足には、（　　　　）を付ける。

　　例：「それ（天皇制）は、……」

⑧タイトル表示としての「　　　　」は、論文名、視聴覚資料の場合に用い、『　　　　』
は、図書名、雑誌名に用いる。

⑨……、──　は２マスを使う。

⑩次の語句は、ひらがな書きにする。

　　「常用漢字表」にない漢字、形式名詞（例、読むこと、今のところ、正しいもの）、補助
動詞（例、捨てておく、行ってしまう）、助動詞、助詞、接続詞、感動詞。

⑪研究論文に限っては、敬体（…ます。…です。）ではなく、常体（…である。）で統一す
る。ただし、引用文については、この限りではない。

その他の留意点

①章（Ⅰ、Ⅱ、Ⅲ……）と章の間、節（Ａ、Ｂ、Ｃ……）と節の間に、推敲のための書き込み
ができるように何行か余白部分を作っておくとよい。

②後述の注の書き方をよく読んで、最終章の後にまとめて注記を書く。また、参考資
料リストをその後に書く。

③図表は、下書きの段階では省略するが、下書き文中に（　　　　）を設け、どのような図
表を書くのかメモしておく。

下書きを何度も練り直す（推敲）

　一度書いてみた下書きは、次のような状態になっていないかチェックした上で書き直
します。

①敬体（です、ます）で書かれている。または、敬体と常体（である）を混用している。

　　⇒常体で統一する。

②テーマ（問い）が、何を明らかにしようとしているのか、不明確なため、本文の、各
章、各節が何のために書かれているのか、はっきりしない。

　　⇒問いを練り直し、本文の構成を再検討した上で、書き直す。

③テーマ（問い）に答えていない。

　　⇒問い方を修正するか、問いに合った内容に変える。

④はじめに立てたテーマ（問い）が、置いてきぼりになり、途中でいきなり別のテーマ
が現れ、論述が混乱し、結局何を書いているのかさっぱりわからない。

　　⇒テーマに答える論述ができるようにアウトライン（目次）を組み立て直す。アウ
トラインは何度書き直してもよい。

⑤なぜ章、節がその順に並べられているのか、不明である。アウトラインの組み立てが、筋の通ったものでない。

⇒**アウトラインを組み立て直す。**

⑥「結び」までの章で、結論らしきものが読み取れるが、「結び」では、結論ではなく、感想、提言、心構え、理想、決意などが書かれている。「序」、「あとがき」と取り違えている。

⇒**「結び」でしっかり結論を書く。**

⑦「結び」までの章では、結論につながるようなこと（論拠）が全く書かれていないのに（結論につながらない関係のないことが並べられているだけなのに）、「結び」で突然、結論が現れる。

⇒**無駄な記述を削除し、「結び」につながるような文に書き改める。**

⑧意見、考え（例：「最近の若者は……である」）が並べ立てられているが、なぜそういえるのか、具体例や数字で説得しようとする意欲が見えない。

⇒**意見、考えにはすべて論拠となる事実（事例または数字）を示す。**

⑨テーマ（問い）が、いつの間にか忘れられ、研究分野の知識の羅列に終わっている。まるで獲得した知識を見せびらかせているかのようである。「それがどうした」といいたくなる。

⇒**無駄な記述を削除し、テーマ（問い）に答えるような内容に書き改める。**

⑩論拠となる事例が少なすぎる。１，２の事例を挙げただけで、論証できたかのような書き方がなされている（少ない事例でも、それだけで十分論拠となる場合もある）。

⇒**事例を増やす（あるいは数は少なくても適確な事例を探す）。**

⑪統計・数字を示さず、社会や時代の傾向を示す表現（例：「急激に減少した」、「〜を上回る成果を挙げている」）が書かれている。

⇒**裏付けとなる統計・数字を示す。**

⑫論拠として、統計・数字が示されているが、誰が（どういう機関が）調べ、どういう文書に発表されたか、また、直接その文書に当たったのでない場合は、どういう資料から得たのかが示されていない。

⇒**出典（統計・数字をどこから得たか、それはもともと、どういう機関が調べ、どういう文書に載っているものか）を明示する。**

⑬何年の統計・数字なのか、はっきりしない。「最近になって」とか、「昔は」などと書かれているが、いつのことかわからない。

⇒**何年のことかはっきり書く。**

⑭他人の文の引用、他人の意見の紹介であるにもかかわらず、注が打たれていない。したがって、注記に出典が示されていない。

⇒**注を打ち、注記で出典を明示する。**

⑮他人の文を写しているだけである。

　　⇒自前の文に書き換える。

⑯論文というより、論文の概要、要約が書かれているに過ぎない。内容紹介文に終わっている。論文は、問いの答えを読者に納得させるために綴るものである。

　　⇒読者を説得することを主眼において文を書き改める。

⑰歴史上の人物などを説明する際、まるで現場で見てきたかのような書き方をしている。あるいは、心の中を覗いたかのような心理描写をしている（例：「そのとき、彼は、後を頼むと言い残して、息絶えたのであった」）。

　　⇒物語風の表現を客観的な論述文に書き換える。

⑱解決策を示したつもりだが、具体性がなく、絵に描いたような理想論、課題がやすやすと克服できるかのような楽観論を述べている。あるいは、大問題を解決するためには、「社会を担う一人ひとりが意識を変えるしかない」と安易な悲観論で結んでいる。

　　⇒具体的な解決策が導けるよう、思い切って研究テーマを絞る。

　　例①：世界平和を実現するための課題は何か→国際連合が、国際紛争を解決する力がないのはなぜか。

　　例②：地球温暖化はどうすれば防ぐことができるか。→「京都議定書」が実効を上げるための課題は何か。

⑲注記のうちの出典明示、参考資料リストの書き方が間違っている。

　　⇒次のように改める。

　　注記（出典明示の場合）

　　（１）澤田昭夫著『論文の書き方』(講談社学術文庫、1977年) p.22 ～ 32

　　参考資料

　　澤田昭夫著『論文の書き方』(講談社学術文庫、1977年)

⑳文章が日本語として成り立っていない。とくに主語―述語が対応していない。

　　⇒声を出して自分の論文を読んでみて、主語－述語のねじれを見つけ、訂正する。

論文に仕上げよう
様式、ルールに従って書く

3-E

演習編→p.171

論文の構成、様式

　下書きは、あくまで本論を記述したものです。論文は、本論を含め次のような部分から成り立っています。

（1）**表紙・裏表紙**　用紙は、表題紙以下の論文用紙より厚い画用紙を使う。表紙には、次のことを書き込む。レイアウト、字の大きさは自由。

　①論文題目（タイトル）：テーマをそのまま題目にしてもよいが、疑問形でない題目（タイトル）を別に設定してもよい。その場合は、テーマを副題目（サブタイトル）とするとよい。

　　　例：「現代の子どもと遊び

　　　　　〜子どもたちに遊びをとりもどしてやることは可能か〜」

　②氏名

　③その他（学年、組など）

（2）**表題紙**　論文用紙の1枚目を論文の題目を書くページとする。題目以外に、表紙と同じことを書く。このページを第1ページとして数えるが、ページを書き込まない。

（3）**目次**　「序」から「あとがき」まですべての見出しのリスト。各々の見出しのページを書いたほうがよい。

　　目次の作り方で、とくに注意してほしいことは次の2点。

　①見出しは、エッセイや読み物の場合のような、感覚的な表現にならぬよう気をつける。本テキストは、論文ではないので相当、感覚的で関心をひくような、くだけた見出しをつけている。「下書きって何？」「ゴールをイメージする」、「様式、ルールを守ろう」などである。

　　チェック法を示します。見出しの言葉に続いて「について」を付けて不自然でなければ、OKである。たとえば、Ⅲ-A「不登校」については、おかしくないが、その代わりに、「学校が恐い」などという見出しをつけると、「学校が恐いについて」となって、変であることがわかる。

②目次の体系が、論理的であること。論の展開の筋がよく見えるものでなければならない。

（４）**序**　本論に進む前に書く。論文の自己紹介。次のようなことを書くとよい。

①テーマに出合ったきっかけ

②研究目的（何を明らかにしたかったのか）

③自分の研究方法の特徴

④結論に至るまでの論の運び方

　※新家君の論文の「序」（p.103）は、模範となるものです。参考にしてください。

（５）**本論**　アウトラインを組み立てる演習で説明したように、見出しを次の例のように区分する。Ⅰ、Ⅱ、Ⅲ……（または、第1章、第2章、第3章……）、さらにそれぞれをA、B、C……（または、第1節、第2節、第3節……）と細分化する。さらに細分化するときは、1、2、3、と算用数字を用いる。最終章は「結び」とし、結論を書く。

> もういちど論文の3要素を確認しておこう
> 　　①問い（テーマ）
> 　　②論証
> 　　③結論
> **論証とは何か**
> 　論証とは、論拠を示して結論の正しさを証明すること。
> **何が論拠となりうるか**
> 　事実である。具体的には、事例または統計数字である。つまり、結論の正しさを証明する事実（事例、統計数字）を提示することが論証である。

（６）**注記**　尾注の場合は、本論のあとに注記を置く。詳しくは、次ページ「注の書き方」を読んでください。

（７）**参考資料**

①直接、論文の中で引用したり紹介した資料はもちろんのこと、研究過程で参考にしたすべての資料を書く。

②図書資料の場合は著者、書名、出版社、出版年を、雑誌・新聞記事の場合は書き手、記事のタイトル名、雑誌（新聞）名、発行所、発刊年月日・号を、視聴覚資料の場合は

制作者（著作権者）、タイトル、制作（放送）年月日を、インターネット情報の場合は発信者、ホームページタイトル、ホームページアドレス、受信年月日を書く。

（8）あとがき　研究をふりかえって、感想を書く。苦労したこと、反省点など。

注の書き方

本文とともに注記は、論文を構成する重要な部分です。

（1）注の種類

①出典明示の注：論文がどういう資料的裏付けを持っているかを明示する。資料からの直接引用の場合と他人の意見、解釈を紹介する場合がある。

②補足説明の注：本文の中に書くと、叙述の流れを妨げるが、本文の理解に役立つ解説を加える。

（2）注記の書き方

①注の番号は、縦書き文の場合は、該当語句、文の最後の文字の右下（横書きの場合は右肩）に打つ。

②注記には、脚注と尾注がある。脚注は同ページ欄外に書く場合で、尾注は本文のあとまたは章のあとにまとめて書く場合である。脚注の番号はページが変わるごとに新たに、1から始める。尾注の場合は、通し番号となる。

③出典は詳しく書く。図書資料の場合は、資料情報ばかりでなく出典箇所、すなわちページも書く。

　　例：注3　井上薫著『大阪の歴史』（創元社、1986年）p.73

④一つの資料を何度も出典明示しなければならないときは、次のように略記する。

　　例：前掲書（p.32の注3）p.148

⑤孫引き（引用の引用）については、出典を「もとの資料」と「自分が見た資料」の順に明記する。

　　例：注21　澤田昭夫著『論文の書き方』（講談社学術文庫、1977年）

　　　　　　宅間紘一著『論文の考え方・書き方』（新泉社、2021年）所収、p.30

図表について

（1）引用図表は、注と同様、出典を明らかにする。図表と同一ページ内に書く。

（2）図表のページには、文章を書かず、図表だけのページにしてもよい。

ページの打ち方

表題紙を第1ページとする。実際に、ページを打つのは第2ページから。

論文簡略見本：

研究テーマ「子どもたちに遊びをとりもどしてやることは可能か」の場合

遊びの回復の可能性

～子どもたちに 遊びを
とりもどしてやることは可能か～

3年A組25番
宅間紘一

目次

序・・・・・・4
　I 遊びとは何か・・・・・8
　　A　遊びと労働
　B　遊びと祭礼
　　C　遊びとスポーツ
II 子どもの発達と遊び・・・・・12
　　　・・・・・・・・・・・・
　　　・・・・・・・・・・・・
　　　・・・・・・・・・・・・
VI 結び・・・・・114
注記・・・・121
参考資料・・・・・126
あとがき・・・・・128

2

このページを1ページとする。
ただし、ページを打たない。

序

テーマとの出合いは・・・・・・
・・・・・・・・・・・・・・・
・・・・・・・・・・・・・・・
・・・・・・・・・・・・・・・
・・・・・・・・・・・・・・・
・・・・・・・・・・・・・・・
・・・・・・・・・・・・・・・

3

I．遊びとは何か

A．遊びと労働

ホイジンカは、遊びを次のように定義している。・・・・・・・・・
「・・・・・・・・・・・・
・・・・・・・・・・・」・・・・
・・・・・・・・・・・・・・・

8

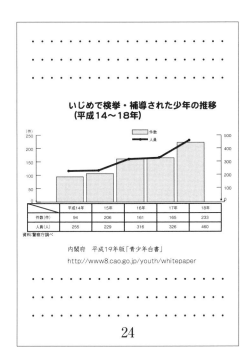

いじめで検挙・補導された少年の推移
（平成14〜18年）

	平成14年	15年	16年	17年	18年
件数（件）	94	206	161	165	233
人員（人）	255	229	316	326	460

資料：警察庁調べ

内閣府　平成19年版「青少年白書」
http://www8.cao.go.jp/youth/whitepaper

24

注記

注1．オランダの歴史学者・・・・・・
注2．ホイジンガ 著『ホモルーデンス』
　　　（中公新書、1989 年）　p.57

121

参考資料

カイヨワ著『遊びと人間』
（講談社学術文庫、1999 年）
ホイジンガ著『ホモルーデンス』
（中公新書、1989 年）

126

あとがき

　子どもの遊びに関心を持つように
なったのは、・・・・・・・・・・・・・・・・・

・・・・・なによりも苦労したのは・・・

128

ケーススタディ ｜ 論文例

　最後に、高校生と中学生の論文を読んでみたいと思います。資料をよく読み込み、それらを十分に消化した上で、精一杯、論証を試みた労作です。専門の研究領域を持たない生徒にしては上出来といえるでしょう。もちろん、難点もあります。本人の了解を得て全文を掲載するとともに、要所要所にコメントをつけさせてもらいました。本書の総復習の意味で読んでください。

［論文例 1］

大 阪 文 化 の 背 景
～どのようにして独特な文化が生まれたか～

関西学院高等部　1998年度

3年　新家史崇

[注]

テーマ（疑問形）をタイトルにしない場合は、左の例のようにサブタイトルに使います。テーマをそのままタイトルにしてもよろしい。

目次（ページ打ちは略）

序

Ⅰ.「大阪」とは

　　A．地理上の位置

　　B．「大坂」の誕生

　　C．「大坂」と「大阪」

Ⅱ．なぜ大阪弁は全国で認識されたのか

　　A．大阪ことばの起点

　　B．大阪弁には気取りがない

　　C．東京の人には理解できない大阪弁

　　D．メディアが広げる大阪弁

Ⅲ．大阪のお笑いのおもしろさはどこか

　　A．吉本興業のルーツ

　　B．大阪漫才の普及

　　C．大阪漫才がおもしろい理由

Ⅳ．大阪の食文化の特徴は何か

　　A．商人にとっての料理と、好む味

B．うどん、お好み焼きの誕生

C．大阪発のおもしろメニュー

D．売れたインスタントラーメンと、
　　その味

E．「食い倒れ」とは

V．大阪の人は本当に商売上手なのか

　A．大坂は商人の町

　B．成り上がっていく商人たち

　C．小さなところからコツコツと

　D．何でも合理化、アイデア商売

　E．「少しでも」に目をつける

VI．結び
　〜全てが「大阪の文化」という輪で
　つながっている〜

注記

参考資料

あとがき

序

　全国の人から見た大阪のイメージは、多種多様である。「大阪弁はこわい」「大阪の人は二人寄ったら漫才になる」「大阪の人は商売上手だ」「大阪の食い物はうまい」……そして今、テレビやその他のメディアを通して、あらゆる方面から大阪のことが、独特な文化として取り上げられている。そういった独特な大阪文化圏の中で、僕たちは生活をしているのである。しかし、僕たちは日ごろ、特に独特な文化の中で生活しているとは、思っていない。そこで、いったい大阪のどういうところが独特なのだろうか、また、どのような背景によってこのような独特な文化が築かれたのかということを、詳しく調べていきたいと考えたのである。

　大阪と言えば……と考えると、いくつかの項目が浮かび上がってきた。まずは「大阪弁」、これは僕たちが毎日使っている言葉である。次に思いついたのは、吉本新喜劇や漫才などの「お笑い」である。その次は、タコ焼き・お好み焼きなどの「食

[評]

V‐A、B、Cの見出しは、感覚的で論文らしくありません。たとえば、「小さなところからコツコツと」は、「松下幸之助、江崎利一に見る大阪商人気質」あるいは「大阪商人気質としてのたたき上げ精神」としては、どうでしょうか。また、C、Dは、一まとめにして「大阪商法の特質」としてもよいと思います。見出しチェック法（p.97）を思い出してください。「小さなところからコツコツとについて」、という表現がまずいことはおわかりでしょう。

[注]

序の4ポイント

①テーマに出合ったきっかけ
②研究目的
③研究方法の特徴
④結論に至るまでの論の運び方

べ物」。そして、大阪の人は「商売」がうまいということである。
これらの歴史を探っていけば、大阪の独特な文化が築かれてい
く過程が、よりはっきりとわかるのではないかと思い、また、
それぞれの項目同士で何らかのつながりがあるのではないかと
いう推測も頭に入れながら、研究していくことにした。

Ⅰ．「大阪」とは

A．地理上の位置

　大阪は、地理上どんな位置に存在しているかを考えてみる
と、まず、大阪は日本列島のほぼ中央にある。そしてそこから
西へ瀬戸内海が、列島に沿って真っすぐに伸びている。行き着
いた北九州から朝鮮半島につながる。そこからは、大陸の道が
ある。古代中国大陸の高い文明が朝鮮半島を回廊にして日本に
やって来た。人も物も九州から瀬戸内海へと進んだ。当時の大
きな道は、海路であったので、内海は、文明の大動脈となった。
その突き当たりの終着点に、難波の津、大阪があった。

B．「大坂」の誕生

　大阪に人が住み始めたころ、それは、遠い遠い昔のことであ
り、数万年、数十万年もさかのぼるころのことである。今の大
阪市の地形は、背景にあたる上町台地を中心に、東には河内平
野、西には砂州の発達によって、大阪湾を少しずつ埋められて、
できあがった。そのころ、人が住める可能性があるところは、
上町台地しかなかったと考えられる。この上町台地というの
は、近世になって豊臣秀吉の大坂城築造、明治以降の急速な都
市化によって、一変する場所である。

　大阪が近世都市として、繁栄するスタートは、本願寺蓮如[1]
による、大坂石山御坊[2]の創設にあった。蓮如は、現実の政治
秩序をささえるのが仏法の使命であると説いたが、門徒たち
は、結束して一揆を起こし、真正面から封建領主と対抗した。
蓮如は、地方における争いを避けて、文明十年（1478）山科本願
寺[3]を建立して、畿内を布教して、明応五年（1496）八十二歳の
時「摂州東成郡生玉庄内大坂」の地に、隠居所として坊舎を建
立した。「大坂」という地名が初めて見られたのは、この蓮如の

［評］

序に必要な4ポイントが書
かれており、序として申し分
ありません。

手紙であると言われている。当時は、「大坂」「小坂」の両方を「おさか」と発音していた。ここに、「大阪」の名が誕生したのである。

　大坂城を築いた豊臣秀吉が、砂州だった船場と中之内を開拓して、東横堀や天満宮を開いた。天正十三年（1585）、これが船場の始まりである。そのころ、人はほとんど住んでいなかった。堺、伏見、平野など中世から栄えた近隣の町から商人を移住させた。その他、四国の阿波、土佐など、各地から船場に移住させた。秀吉は各地からの移住を促すために、宅地税を免除して、大坂に、特権を与えた。そして彼は、商業をよく理解し積極的に奨励した。しかし、実際に町を発展させたのは、住人たちであった。西横堀や、道頓堀を掘り、舟の道をつくり、その土で両側の土地を造成して、できた土地を工事人がもらうという方法で、大坂開発がはじまった。

　秀吉が死んで、豊臣と徳川が争い、徳川が幕府を開いた。幕府は、大坂を直轄地にして、諸国の物産の流通拠点にした。日本中の物資が集まってきて、大坂は、天下の台所となっていき、生き生きと発展していった。ところが、初期の政商たちの家はしだいに勢いを失っていった。地位を得たものは、守ろうとして消極的になり、あるいは贅沢をきわめていた。これに代わって、新興の商人がのし上がってきた。身分や家柄をこえ金をもうけたもんが上がっていけるという考えは、封建社会であった日本で、大坂だけが資本主義になろうとしていたと考えられる。

C.「大坂」と「大阪」

　「おおさか」という漢字に、「大坂」と「大阪」の二つの書き方があるのは、どうしてで、「大阪」と書くのが一般的になったのは、いつごろからだろうか。

　それは、幕末に浜松歌国という人が書いた「摂陽落穂」のなかに、「或る人のいわく、大坂と書くに坂の字を用ゆる事、心得あるべし、坂の字は土偏に反るという。土にかえるというゆえ忌み嫌い、阜偏に書くべきとあり」と書かれた説明がある。これは、「坂」という字が、分解すると「土になって消滅する」と読み取れるので、縁起のよい阜偏の「阪」を書くべきだという

［評］
この蓮如の手紙であると言われている。の部分に注を打ち、この情報を得た出典を注記に明記すべきです。

［評］
著作は『　』を使います。『摂陽落穂』

ものである。阜偏はもともと「大きくなる」「盛んになる」という意味があるので、「大阪」の字が使われるようになったのである。それから、大阪府という府名は、慶応四年五月二日に大阪府が設置されたときから、「阪」という字を使っていたようで、一般的に「大阪」の字が使われるようになったのは、明治十年前後のことである。

II．なぜ大阪弁は全国で認識されたのか

A．大阪ことばの起点

　大阪の言語が大阪弁という全一体として、他郷人に把握されるようになったのは、そんなに遠い昔ではない。江戸側資料では、安永期に至ってようやく「大坂ことば」という呼称が現れる。下記の人口表を見て分かるように、近世大坂市の人口は、明和年間（1764〜1772）を頂点として、その前後合わせて三、四十年間が、最高期であった。大阪弁というものが全国的に認められる好機があるとするなら、まさにこの時であったと思われる。明和期に四十万人台に膨れ上がった大坂の人口も、それ以降は減少し明治五年にどん底に達したが、その翌年から大阪を始め東京、京都も活気を戻してうなぎ登りに上昇していった。それに遅れまいとするかのように、江戸弁は東京弁となり、大阪弁は大阪弁で、初めてその活発な気風を言語面に次々と、反映していった。

表　近世大坂市の人口 4)

元禄12年（1699）	364,154人
寛延2年（1749）	404,146人
明和2年（1765）	423,045人
安永8年（1779）	404,200人
天明7年（1787）	371,740人
天保9年（1838）	322,701人

注：天保8年2月、大塩平八郎の乱あり、大火災、その翌年調べにて人口が減少している。
出典：前田勇著『大阪弁』（朝日新聞社、1977年）p. 12

B．大阪弁には気取りがない

　東京の人は、大阪へ来て住むと、初めは、共通語だったのに、日が経つにつれて、ぎこちない大阪弁になる。ところが、大阪

［評］

①「大阪」の字が用いられたいきさつについては、論の展開と直接関連しないので、本論からはずし、注記として解説した方がいいでしょう。
②『摂陽落穂』から引用したのは、別人のはずです。参考にした引用者の著作を明記すべきです。

［評］

江戸側資料とは何を指すのか、不明な場合は、注を打って、この部分の情報を得た出典を注記に明記します。

の人が東京へ行っても、いきなり大阪弁で話しかけ、いつまでも大阪弁のままである。少しも隠したり直そうとしない。地方から東京に出た人が、コンプレックスに悩んで、必死に共通語を覚えるように、どこの人も、その土地に慣れるように努力するものだが、大阪人は、全国どこでも平気で大阪弁を話す。地方から来た人は、大阪では、比較的に地方の言葉を気にせず話せるという人が多い。それは、大阪弁自身が共通語でないということと、大阪人には言葉に対して気取りがないからである。

なぜ気取りがないかというと、東京弁で「そうですね」「そうですな」、京都弁でも「そうどすな」であって「す」がくずれないが、大阪弁ではその「だすな」「ですな」が、ともに「だんな」「でんな」と鼻へ抜ける。「行ってん」「来るねん」「まんねん」といった具合に、大阪の町には「ん」が充満しているような錯覚に陥るくらい「ん」が多い。この「ん」は、母音に次いで耳に快い音であり、東京弁のように促音の多い言語に比べると、とても柔らかく優しい感じを与え、聞く人の心を和やかにするものである。大阪弁の持つ柔和性は、この「ん」に負っているのである。

C. 東京の人には理解できない大阪弁

大阪のサラリーマンは、ビジネスのうえで大阪弁に自信を持っている。大阪弁が不利になると考えるサラリーマンはいないので、東京の人でさえ、大阪弁の有利さは認めざるをえない。この自信が、大阪の人の説得上手を生み、東京弁で言えばカドがたつようなことでも、大阪弁でジンワリと話すと、いつの間にか納得させられてしまうのである。例えば大阪弁の「考えときまっさ」は、言うまでもなく断りの言葉である。面と向かって断ってしまうと、相手は身も蓋も無いので、考えておきますと、ワンクッションおいて、相手を傷つけないようにする。これが東京の人には分からなかった。「考えてくれるなら、ミャクはあるな」と思ってしまうのである。しかし、最近では、東京の人も「考えておきます」を大阪的に使うようになった。言われた方も、額面通りに受け取ることは少なくなり、「あっ、これはダメだなあ」と内心あきらめる。それでも直接断られたわけではないから、「よろしくお願いします」で別れられるのである。

［評］

「大阪人は、全国どこでも平気で大阪弁を話す」という論を裏付けるデータ(たとえば、有力な証拠となる事例か、他府県で暮らす大阪人へのアンケートの結果)がほしい。また、「平気で大阪弁を話す」のが事実であるとしたらなぜ平気なのかを説明すべきでしょう。大阪人の気質を解く鍵になるはずです。

［評］

①「大阪弁が不利になると考えるサラリーマンはいない」という事実は、どのようにして得られたか、を明示すべきです。大阪弁が不利になる場合はないか、調べるべきです。
②東京の人も「考えておきます」を大阪的に使うようになったとあるが論拠を示すべきです。

　東京と大阪で明らかに違うのは、「ばか」と「あほ」である。東京の人は、「ばか」と言われても怒るが、「あほ」と言われたらもっと怒る。大阪の人は、「あほ」と言われても、全然怒らないが、「ばか」と言われたらムッとする。「あほ」と漢字で書くと「阿呆」だが、大阪弁ではアホウと発音せずに、短くアホとなって、響きも軽くなる。大阪の人は、「あほやなあ」「あほかいな」「あほちゃうか」などと「あほ」を頻発するが、東京の人が感じるような罵倒のニュアンスは全くない。「あほ」は、会話を潤滑にする間投詞である。「あほ」には、相手を見下す気持ちなどなくて、同じところで笑い合うのどかさがある。その点、東京の「ばか」はきついので、「人を気やすくばか呼ばわりするな」と食ってかかる酔っ払いが多いという話も、この「ばか」の持つ悪意性に原因がある。

D．メディアが広げる大阪弁

　「好きやねん」は、インスタントラーメンの商標で、テレビのCMで盛んに放映され、大阪の味を強く売り出そうとしていた。このせりふがいかにも大阪らしく、全国からは、大阪弁の代表のように見られていた。しかし、ほんまものの大阪弁「好っきゃねん」とは、微妙に違うのである。これで証明されているのは、いわゆる大阪弁は、お笑いタレントによって、テレビで日本中に撒き散らされているのである。吉本興業の人に多いが、彼らの多くは元から大阪にいたのではなく、全国から来ている。だから、彼らの大阪弁には、一定の型がある。第一に、そこに強い誇張がある。普通の使い方では、印象が与えられないので、次第にどぎつくなってくる。どアホ、どえらい、ど根性のように、前に「ど」をやたらにつける。「ど」は「どう」を短くしたもので、昔は、船場でも旦那衆は使わなかったのである。同じ大阪弁と言ってもいろいろあり、場所により少しずつ違う。いまお笑いタレントが使っている言葉の原型は、大阪弁の中でも河内弁のどぎついものである。そして、この言葉は、彼らの目的にあっているのである。言葉というものは、歳月が経つ間に品格がだんだん下降しそれが強く生き残っていく性格をもつが、大阪弁は、その性格が他よりもきついのである。

　大阪弁が日本中で通用するくらいまで広がった原因として

あげられるのは、やはりテレビやラジオといったメディアであると思われる。テレビを見ていると、人気バラエティー番組では、半分以上が大阪の芸人による番組で、コテコテの大阪弁が飛び交っている。それが全国ネットで放映されているのだから、全国の人は、何げなくいつも大阪弁を耳にし、大阪弁はこういう感じの言葉なんだということを認識しているのである。そして、おもしろい大阪弁や、つっこみの言葉が、東京など大阪以外の町の若者達の間でブームとなっていくのだろう。大阪弁が全国に広がっていくというのは、とてもいいことである。しかし、テレビで放送されている大阪弁のなかで、時にどぎつく、汚い言葉を耳にすることがあり、それが大阪弁または、大阪の文化として全国に認識される恐れがあるという問題がある。

Ⅲ．大阪のお笑いのおもしろさはどこか

A．吉本興業のルーツ

　実は、吉本興業の源流が、近世の大坂の歴史の中にある。正保四年（1647）ごろ大坂は商業がわくように興り、新しい商人がどんどんのし上がってきた。やがて元禄にさしかかる時期になると、彼らは身分も家柄もないので、格式や束縛をはねのけ、自分の力で生き生きと立ち働くようになった。そして、金ができると、娯楽と教養がほしくなり、天満神社の連歌所に集まった。そんな人達に囲まれて、伝統の厳しい連歌よりも、自由な俳諧に傾いていった。西山宗因[5]という人物も俳諧をやりだした。当時は松永貞徳[6]を中心とする貞門俳諧が栄えていた。まだ、連歌の古い形を多分に残していた。新興商人に囲まれて、宗因は決まりにとらわれない奇妙な句を詠んだ。それは宗因流とか大坂風と呼ばれ、古い貞門俳諧と対立することとなった。その弟子に、井原西鶴[7]などもいた。貞門俳諧を東京落語とすれば、宗因流、井原西鶴流は大阪漫才に当たる。宗因流は、全国に広まり、江戸にも招かれ、談林流と名付けられて、日本中を席巻した。現在、大阪漫才が大いにはやり、文学でも大阪に大衆作家が多いのも、ここに発している。

　吉本興業の創業者は、吉本せいである。明治二十二年（1889）

[評]

「汚い言葉」が、「大阪弁、または大阪の文化として全国に認識される恐れがある」と指摘することが、この論文の展開にとってどんな意味があるのか、はっきりしません。大阪弁に誇りを持っている論者（新家君）の感情が顔を出したのでしょうか。

に大阪の米屋に産まれたおせいさんは、十八歳ごろ吉本吉兵衛に嫁いだ。ところがこの旦那の吉兵衛は、芸ごとが大好きで芸人を連れては遊び回り、折りからの不景気も重なって破産した。そこまで芸が好きなのであればと、おせいさんは覚悟を決めて、天満の天神さんの境内にあった端席を借りて、夫と共に寄席の経営を始めた。後に、次々と寄席を買収して、「花月」の名前をつけて三十ほどの寄席のチェーンをつくりあげた。夫を亡くしてからは、実弟の林正之助を右腕にして、昭和七年(1932)には、吉本興業合名会社をつくり、京阪神の興業界を牛耳った。

［評］
「おせいさん」は「せい」でよろしい。

B．大阪漫才の普及

　河内生まれの玉子屋円辰が、玉子を行商して歩くうちに覚えた河内音頭に江州音頭を加えて改良した上、その間に軽口という簡単な掛け合いをはさんだ。それは三河萬歳[8]をアレンジしたものであった。これを明治三十四年(1901)ごろに大阪の千日前の寄席で演じた。こうして円辰が漫才の祖となったのである。大正五年(1916)ごろには、萬歳から万歳という略字も使われるようになった。昔からあった軽口、掛け合い、仁輪加、女道楽などの多様な大道芸を貪欲に吸収していった。漫才は大阪の諸芸の集大成である。道頓堀の弁天座で初めて漫才大会が開かれたのは、昭和二年(1927)であった。同五年(1930)にエンタツ・アチャコのしゃべくり漫才が出現し、漫才は近代化した。当時の人々が最も熱中したスポーツをネタにしたのが成功し、インテリにもファンが増えた。まだ落語が主流であったときに、漫才がおもしろいと聞いてエンタツを引き抜いたのも吉本せいであった。昭和八年(1933)ごろから今の漫才の字が定着し、大阪の寄席の主流となった。そしてNHK大阪局がラジオ中継をして漫才が全国へ広がった。大阪のお笑いは漫才、東京は落語が主となった。戦後になって再び漫才ブームがわきおこった。NHK大阪ラジオで「上方演芸会」を全国中継して人気番組となり、民放も次々に開局してそれに火をつけた。

C．大阪漫才がおもしろい理由

　「東京落語に大阪漫才」の言葉が生まれた。この落語と漫才

の笑いには、本質的な違いがある。落語では、与太郎などと言う少し間抜けな人物を作って、そのしくじりのお話を落語家が第三者の目で見たように語るので、演者は、高度な洗練された話芸を持っていなくてはならないし、聞き手もある程度の教養知識を持っている必要がある。これに対して、大阪の漫才は、それを演じる漫才師自身が阿呆になる。阿呆な事を言うだけでなく、どつかれたり、打ち倒されたりするので、見物客は、作られた人物のばかさを笑うのではなく、漫才師そのものを阿呆として笑うのである。背の低いことや、デブで顔が悪いことをネタにしたり、大阪の芸人は、自分の肉体上の欠陥を隠すどころか、かえってそれをさらけ出して売り物にする。みんなそれぞれきまり文句を看板にし、突拍子もなくそれを使ったりして阿呆に徹する。そして、これでもかというほど同じことを繰り返すことにより、笑いを生むのである。

　大阪のお笑いがおもしろいのは、芸のうまさも関係はあるが、大阪人自体がもともとそういう人間なのである。自分の欠陥をさらけ出したり、失敗談を話題に乗せる。このときの東京と大阪の反応の違いは、東京の人は失礼だと思いあいづちを打たないが、大阪の人は遠慮せず大きく笑うことである。大阪の人は、自分はどう見られようがどうでもよく、相手の心をゆるめ、相手との間がうまく行けばいいと考える。これは商人のやり方である。また、自分を笑い者にするというのは、本当は自信があるからすることであって、あるいは、誰もがいい点と悪い点を持っていて、全てを取り繕う必要がないことを熟知していることでもある。そんな話を聞いた大阪の人も、その人を阿呆だとは決して思わないのである。

　大阪のお笑いというのは、吉本新喜劇、漫才を始め、日本中で面白くないという人がいないくらいのお墨付きのものである。それは、自分で自分を阿呆にしたり、自分の恥をネタにしたり、人の言ったことにつっこみを入れたりと、自分の全てをさらけ出すオープンな感覚が大阪のお笑いの中にあるからである。しかし、そのなかにもしっかりとした芯があるので、嫌みのないさっぱりとした笑いになり、漫才が始まった明治時代から現在に至るまで、多くの人を楽しませる、大阪の一つの文化となったのである。

［評］

①東京の笑いと大阪の笑いの違いを端的に示す漫才や落語の典型例を挙げて解説できたら、なおわかりやすかったと思います。
②大阪の笑いが商人文化とどう結びついているのかが、よく説明されています。

Ⅳ．大阪の食文化の特徴は何か

A．商人にとっての料理と、好む味

　大阪商人にとって、料理屋、飲食店は、商売上都合のよい存在であったから江戸時代から発達してきた。自家で造った粗末なもので接待することは失礼になるという考えをもち、彼らは、商談、取引客の接待をはじめ、冠婚葬祭や日常の来客の場合にも料理屋や仕出し屋を利用した。料理や、飲食店などの店数と人口を『大阪市統計書』で見ると、実に多いことが分かる。大阪市内には、宴席料理、懐石料理、川魚料理、かき船、すき焼き、てんぷら、関東炊き、うどん、ビアホール、カフェー、喫茶店などなど多彩な看板やのれんが並んでいたのである。

　大阪人の好む味、大阪料理の特徴は、まずはじめに、魚、野菜類など、新鮮で豊かな食材が入手でき、うまみを生み出す北海道昆布、土佐のかつおぶしなどがそろい、池田、伊丹、灘の銘酒が控えていることであり、そして、大阪商人が、算盤と感覚で厳しく育ててきた磨かれた料理人の腕と味覚がある。これが、「日本料理は、大阪が一番」と昔から誰もが自信をもってきている理由である。例を挙げてみると、まず、カマボコなどの練り製品は、近海で取れるはも、ぐち、えそなどを原料にして造るのが大阪の特徴である。大正前期までは、これらの近海魚を使っていたが、末期からはトロール船の発達によって、長崎、山口などで取れるようになり、魚の原価が下がり、機械化も始まって、大阪のカマボコ産業は、さかんになった。また、ふぐは、昭和六年までは、魚市場で販売することは、禁止されていた。にもかかわらず、明治時代から大阪では、「てっちり」「てっさ」が、冬の料理の呼び物の一つになったのである。

表　大正年間の料理店・飲食店数と人口 [9]

（『大阪市統計書』より）

年	料理店	飲食店	待合茶屋	席貸	水上料理業	合計	合計人口
大正1	396	1,113	111	201	-	1,821	1,331,994人
大正5	320	1,358	74	184	78	2,014	1,508,677人
大正10	360	2,039	42	184	83	2,708	1,346,471人
大正12	585	2,487	36	202	-	3,310	1,387,200人

注：大正12年は料理店中に水上料理店業を含む。
上島幸子『聞き書大阪の食事』（毎日新聞社、1991年）p.350

［評］

『聞き書大阪の食事』に引用されている、『大阪市統計書』の出版社、出版年も明記すべきです。

B．うどん、お好み焼きの誕生

　きつねうどんが、大阪で誕生したのは、確かなことであるが、それがいつ頃であったのかは確定できなく、明治十年代が有力である。油揚げを三角に切って飯をいれる信太ずし、いなりずしが先にあり、その薄揚げをうどんに応用した。あの濃く煮た油揚げと、淡いだし汁が混ざるその味がうけた。明治という新時代とともに新しい食品ができたのである。きつねうどんが大阪で愛されたのは、何と言っても、「安くてうまい」からである。それだけではない。手早く簡単にできあがるので、手早く食事をするのにも向いている。注文取りや集金に忙しい商人たちが、うどん屋に駆け込み、寸刻を惜しんで昼食を済ます。主食と副食を一緒にしたきつねうどんは、たちまち人気商品となった。

　お好み焼きの起源は、遠く千利休[10]に発する。小麦粉を溶いて鍋に流し、片面にみそを塗って巻く。そんな茶事の焼き菓子を、利休が自らつくったのである。これが麩の焼きという名前で江戸初期に商品になった。あんを巻いた甘い焼き菓子である。後に、せんべいやドラ焼きなどの菓子になっていく。江戸の後期に文字焼き屋というのが出現した。駄菓子屋や屋台で、子供達が小麦粉を砂糖蜜で溶き、鉄板の上で薄く焼いて食べるのがはやった。その溶いた小麦粉で文字を書いて遊んだこの「文字」がなまって、「もんじゃ焼き」になった。明治十五年にアメリカから小麦粉が輸入され、従来の小麦粉をうどん粉と言ったのに対し、輸入された小麦粉をメリケン粉と名付けた。小麦粉の食文化が大いに広がっていって、明治から大正にかけて、桜エビや天カスなどの具を乗せる食べ方に変わった。大阪ではこれを洋食焼きと呼んだ。大阪らしいうまい命名である。東京では、そのまま「もんじゃ焼き」という名前を継承したが、どちらもまだ、子供相手で、おやつでしかないものであった。そして、東西の差がこのあたりから出てきた。大阪では、水溶きにした小麦粉を鉄板に流し、順次そのうえに具を載せ、自分の手でひっくりかえしてすっかり焼き上げるのに対し、東京では、まず具を焼き、それでドーナツ状に堤防を作り、その中へ小麦粉を流し入れて、回りの具と小麦粉をすこしずつまぜながら、ぐちゃぐちゃのまま食べた。大阪の洋食焼きにソースを塗りだしたのは、昭和五年 (1930) ごろであった。ソースは外来

　　　　　　　　　　　　　　　　［評］
①きつねうどんの誕生を明治十年代が有力であると考える論拠を示すべきです。
②お好み焼きの起源を千利休とする情報源は何か、注を打って注記に明記すべきです。

解説編

3－E

論文に仕上げよう

の調味料なので、洋食焼きの名前にぴったりであった。ここで洋食焼きがお好み焼きに変容し、子供の食べ物が大人の世界に広がった。まず大阪ミナミの甘味屋が扱うようになった。洋食焼きを上品におしゃれにした。好きなものを載せて自分で焼く女性的なものであったので、若い女性がたちまちファンになった。やがて専門の店を構えることになり都心の盛り場の横町に増えていった。そして、どんどんほかの店も増えていき、現在では、お好み焼きといえば、大阪の食べ物の代表となったのである。

C．大阪発のおもしろメニュー

　東京には、どんぶり習慣というのがある。親子丼、カツ丼といったどんぶりものがサラリーマンの昼食には、不動の人気を集める。しかし、大阪の人は豚より牛を好むので、カツ丼はあんまり食べない。けれども、食べるとなると、大阪人の工夫が入るのである。それは何かというと、カツ丼のご飯と、トンカツを別々にしたことである。料理名は、「台抜き」という。注文すると、ただどんぶりと皿に飯とカツ丼の具が別々に乗ってくるだけだが、具をつまみにして酒が飲め、ご飯も食べられるという、実にむだのない一品である。これを始めたのはうどん屋である。

　「台抜き」は酔っ払いの客の注文から生まれたものであるが、同じように客のこころをくみとって考え出されたのが「オムライス」である。これもやはり大阪生まれだが、こっちはオムレツの中身をチキンライスにしたもので、「台抜き」とは逆でもともと別のものをひとつにしてしまったものである。この料理は、大正十四年に、戎橋の洋食屋「北極星」で生まれた。胃の弱い常連客がいつもオムレツとライスを頼むのを見て、同じメニューばかりでは飽きるだろうと、店主がケチャップライスを薄焼き卵で包んで出したらすごく喜ばれたというのが、オムライスの誕生である。

　世界初の私鉄始発駅付属の百貨店として、昭和四年に誕生した、阪急百貨店の大食堂は、4000人が、同時に食事ができる画期的な広さであるが、そこのメニューのうち一皿二十五銭のカレーライスに人気が集まった。メニュー以外に、福神づけが

たっぷりついた五銭のライスを売り出し、そのうえにソースを
かけるだけの料理が「ソーライス」と呼ばれて庶民に喜ばれ百
貨店の名物になった。一日に米が二十三石、牛が十頭、ソース
二石が消費された。大阪人は、いろいろな店の料理を賞味して
評価し、ひいきにする店を決める。また、料理屋や食堂で食べ
ためずらしい料理などを家でつくってみたりするのである。

D．売れたインスタントラーメンと、その味

　世界で最初のインスタントラーメンは、日清食品の創業者で
ある安藤百福が昭和三十三年に発売したチキンラーメンで、そ
れが売り出された所は大阪である。なぜ大阪で売り出されたの
かというと、大阪には、ラーメン屋があっても、九州ラーメンや
京風ラーメンだったりして、大阪ラーメンがないからである。
ラーメンについては、味を決めつけていないこの大阪だったら
新しい味として受け入れられるし、新しい物好きの大阪の人が
飛びつくだろうと売り出され、これが見事に売れたのである。
　ラーメンは成功したが、和風麺のうどんはどうか。うどんに
はうるさい大阪で果たしてインスタントうどんが成功するの
かという難問に取り組んだのが同じ日清の「どん兵衛」だった。
大阪のうどんは、つゆにこるということで、スープの味付けに
工夫をこらしたがそうなると問題は、東京であった。消費人口
は明らかに東京の方が多いはずだが、東京の味付けをすると大
阪では売れない。逆に大阪の味付けをすると、東京の売れ行き
が心配である。それなら東西で味を変えようということになっ
た。東は、カツオダシの濃いめの味、西は、コブダシが主体の
薄味というように、ラベルは同じでも東京と大阪では、別の味
付けになっている。
　大阪では、インスタントラーメンと言えばチキンラーメンの
味が定着していたので、そこに新しい商品をぶつけるのは至難
の業だった。そこでメーカー各社では、大阪人ごのみのラーメ
ンを開発することになった。既にある味に似せるのではなく、
新しい大阪の味をつくるのだ。ここで大胆な発想をしたのがハ
ウス食品だった。ハウスが注目したのは、大阪の味、うどんで
あった。うどんが大阪のめん類の根底にあるかぎり、そこを無
視して通るわけにはいかなかった。ラーメンの味も、魚をベー

スにした薄味とした。うどん食いはおつゆを全部飲んでしまう習慣があるから、ラーメンのスープも飽きのこないあっさり味にしたのである。こうして売り出されたのが「好きやねん」で、浪速の中華そばというキャッチフレーズでじわじわと健闘している。

E.「食い倒れ」とは

近世から「京の着倒れ・大阪の食い倒れ」と言われてきた。食い倒れとは、もともと飲食にぜいたくをして財産をつぶしてしまうという意味であるが、大阪の「食い倒れ」は、決してそうではない。実際に平成元年の『全国消費実態調査報告』の県別家計分析を見ると、エンゲル係数が、大阪で28.0％で、全国平均の26.5％よりは高いが、京都の29.1％の方が大阪よりも上なのである。大阪の食い倒れとは、味にぜいたくする意味とは少し違う。それは、明日の活動のために、食事はけちけちしないということを意味している。ただ、安くて、栄養があって、うまいものを選ぶということを指すのである。

「大阪の食」と言えば、お好み焼き・タコ焼き、うどん、などといった大衆的なものが頭に浮かんでくるが、これらのものがなぜ大阪で大衆化したのかを考えてみると、やはり「安く、うまく、早く」という合理的な考え方からである。短い時間で昼ごはんを食べてしまいたい、しかし、ちゃんと栄養のあるものでないと、と考える忙しい商人や町の人、その人たちの考えをうまく見定めて、新しいメニューを考え出す料理人、そしてそこには、いつも新鮮な食材が入ってくる、この三つがうまくからんでいたからこそ、現在でもなお「大阪食い倒れ」と言われるようになったのである。

Ⅴ．大阪の人は本当に商売上手なのか

A．大坂は商人の町

大坂には、大坂城代と東、西両町奉行が在勤したが、武士は全部合わせても、500人を越える程度であった。大坂の人口は、最高の明和二年（1765）には、423,453人に達したということから、武士は、ほとんどいないも同然だった。実際にかなりの

[評]

①大阪の食文化が「合理的な考え方」から生まれていることが、うまく説明されています。
②『全国消費実態調査報告』の出版社と出版年を明記すべきです。

行政は、町人から選ばれた惣年寄の手で行われていた。大坂は商業の町であり、商人の世界であった。身分よりも銭金がものをいった。これに比べて江戸は、大半の土地を武士が占有し、町人は狭い下町に押し込められていた。金沢や名古屋以下の日本中の都市は皆城下町であり、武士の町であった。大坂という町の性格が際立つことになる。封建社会での武士は、その秩序を保つことによって存在していて、前例にないことをすれば危険な世界だが、商人は、自分の才覚でどんどん変わったことを他人よりも先にしなければ生きていけない世界であった。絶えず競争をしている。だから商売がうまくてがめついと言われるのは当然である。政治という秩序に頼らずに自分で生きていかねばならなかった。丁稚たちは、大八車で商品を運ぶのに、よその店より早く得意先に届けるべく競争をした。文字通り、時は金なりであった。武士の社会は、建前が何よりも大事であったが、商人の世界は、本音をさらけださなければならなかった。そこにも大きな違いが生まれてきた。

B．成り上がっていく商人たち

近世の元禄前後、大坂にわきたつように商業がおこってきた。経済特区であった大坂では、資本主義が発生し、商人たちは成り上がっていった。その代表が、住友[11]と鴻池[12]であった。

二代目の住友友以は、京都の豪商が相次いで衰えていくのに先んじ、大坂に進出した。住友家は京都で銅の精錬と銅細工をしていた。大坂に来たのは、銅の貿易を手広くやるためである。大坂に商工業が集中していく。彼は、新時代の到来を見越した。徳川幕府の鎖国政策で一時銅の輸出が禁止されたが、住友はめきめき成長した。しかし、次男の両替屋が失敗したり、長男友信も、奥羽や備中の銅山の経営がうまくいかなかった。そんなとき、四国で銅の露頭を見たという話を聞き、行ってみると、本当に見つかった。長い住友家の繁栄は、この瞬間から始まった。元禄三年（1690）のことである。四代目友芳の代で、銅山の経営や両替屋などに手を広げ、江戸にも進出した。しかし、あくまでも銅は本家が守っていった。こうして、今日の大住友が築きあげられた。

　鴻池善右衛門は、親譲りの酒醸造のほか海運業を起こした。百隻の船を持って西国大名の米などを大坂に運び、酒などの物産を江戸に送る、この商売が当たりこんどは金融業である両替屋を始めた。二代目元宗のときに今橋に移り、幕府公認の両替屋になった。三代目宗利のときから両替屋一本に絞った。藩の財政は時代とともに苦しくなり、大名は両替屋に借金する。その利息で大きくなり、今度は河内の新田開発にかかった。大坂今橋の鴻池の名は天下に聞こえた。大坂が日本中の海運のかなめなのに目をつけ、大名の物産を運んで売り、もうけた金を大名に貸す。一方で、土地にも投資する。鴻池は大坂商人の典型であった。堅実な経営で明治にも生き残り、鴻池銀行となった。これが現在の三和銀行になっていくのである。

C．小さなところからコツコツと

　「昭和の経営の神様」と言われた、松下幸之助による松下商法と、おまけ付きキャラメルで、大会社にまで成長させた江崎グリコの商法は、いずれもちょっとした工夫によって、小さなところからコツコツと成長させていくものであった。

　松下電器社長の松下幸之助は、明治二十七年（1894）生まれで、小学四年生で途中退学して、大阪へ自転車屋の奉公に出た。そこで、十五まで船場の商法を仕込まれた。彼は、町を走る市電を見て、これからは、電車、電気の時代ではないかと未来を読み取り、大阪電灯に内線見習い工として入社してそこで学び、大正六年（1917）に退社して、自分の住んでいた平屋で、ソケット製造をやりだした。松下電器製作所という名前で工場を作り、古電球の口金を改良した市価よりも三割も安いプラグを作って、注文が殺到した。続いて、二灯用差し込みプラグを考え出し、これが当たって売れた。松下は、新しい型の製品を非常に安く作る、という評判を業界に与えた。大正十二年に、画期的な自転車用ランプを考案した。自ら小売店を回り、ただで置くという実物宣伝販売という新しい方法で大いに売れ、月産一万個に達した。同十四年には、ラジオ放送が始まる前にいち早く、大阪でラジオの真空管の販売を開始し、ラジオ部品製作にも乗り出し、電池箱の特許を取った。昭和に入り、戦後の家庭電化ブームを見抜いて、小型モーターの研究を始めた。そ

して、昭和九年（1934）には、売上高が家電業界第一位になった。そして、電気洗濯機、電気冷蔵庫、テレビの三種の神器を鋭い予測で大量に売り込み、電気製品の年間売上を六年間で、二十七倍以上にのばした。今や総売上高が六兆六千億円、松下電器を頂点に千社を上回る巨大な松下家電王国が業界に君臨しているが、これを幸之介は、腕一本で一代の間に築き上げたのである。

　グリコの江崎利一は、大正八年（1919）に有明海のカキのエキス、グリコーゲンに目をつけ、これを入れたキャラメルを作った。既に森永と明治がキャラメルを出していたので「グリコ」と名をつけた。そして、「一粒三〇〇メートル」のキャッチフレーズを考案して、走者のゴールイン姿をトレードマークにした。キャラメルの形もハート形にして、箱も森永より目立つ赤色にして、大阪に乗り込んだ。なかなか店においてくれるところがなかったが、やっとのことで大正十年に三越で発売した。この年のうちに新聞広告を出し、栄養と美味を売り込んだ。おまけを付ける発想を持っていて、カードやしおりを箱の中に入れたり、割引券チラシを配ったり、ためし用の袋でただでばらまいた。広告と販売に工夫をこらした。そして、森永と明治に勝つために、おまけに力を入れたのが子供の心をつかんで、売上が大いに伸びた。得をしたという心理にさせることで、大阪では当たった。戦後、再びグリコを作り始め、本格的なおまけの玩具になった。ブリキの家電製品もでてきて、素材がプラスチックに替わり、多彩になっていった。おまけの種類は、今まで二万とも三万ともいわれている。アーモンドチョコレート、ワンタッチカレー、プリッツ、ポッキーなど次々に開発し売り出した。そして、平成四年に、企業理念を「体位向上」から「おいしさと健康」に改め、Glicoスピリットをきめた。そして、現在、江崎グリコの売り上げは、年千七百億円に達する。

D．何でも合理化、アイデア商売

　大阪だからできた商売、大阪ならではのおもしろい商売というものがいくつかある。

　昭和二十六年（1951）に、中内功が大阪船場で安売りのサカエ薬局を開業した。薬屋の並ぶ道修町の南である。現金で仕入

れて現金で売る、手形で払う商売より、利子分が安くなるというところに目をつけたこの商売は、小売商も一般の客も押しかけた。しかし、他の問屋や小売の薬局には、袋だたきにあった。そして、自分のところでメーカーを作ったが、これはうまくいかなかった。彼は、それならばと小売に転じた。昭和三十二年（1957）に、大阪千里で「主婦の店ダイエー」を開店した。薬、化粧品、缶詰、瓶詰、などを並べて安く売った。しかし、売れ行きがだんだん落ちていった。もっと回転の早い商品をと考え、菓子に力を入れた。当時は、量り売りだったが、量っている時間がないので、前もって量って袋詰めにしておく、そして、これを客がレジに持って行く、これがせっかちな大阪人に好評だった。さらに安くするために、多く仕入れて店を増やし、商品の拡大もした。こうして、昭和四十七年（1972）売り上げで小売業日本一になった。スーパーマーケットは、仕入れ販売とともに大量であるのと、セルフサービスで人件費が節約できて、安く売れる。安いからよく売れる、合理主義の商法である。この合理主義商法は、アメリカのスーパーから来たものであるが、それが大阪で大きくなり全国に広がって行ったのである。スーパーを受け入れる基盤が大阪にはあったのである。

　大阪にある店の看板を、「大阪のみやげもの」に仕上げたという商売がある。「くいだおれ太郎」と「カニ道楽」のカニ、それに、「ずぼらや」のふぐのいわゆる「看板御三家」の看板を大阪発のキーホルダーとして売り出した。一個五百円で1993年に発売開始したが、どんどん売上を伸ばし、今や十億円マーケットに迫る勢いである。大阪にはうまいものは多いが、「これぞ大阪」と言えるみやげとなると影が薄いということに目をつけたのが、この商売である。大阪の土産物としてまず縦軸に食をおいて、横軸には形に残る土産物の線を引くと、クロスした点に、「くいだおれ」、「カニ道楽」、「ずぼらや」の看板が留まったのである。これらの看板は、いずれも食関連で大阪名物、そして全国区の知名度があった。キーホルダーに店の電話番号が記してあるのも大阪っぽい発想である。この電話番号のお陰で地方からのお客さんも増えるのである。

　今日、大阪に居ながらにして、東京に食い込もうと戦略をたてる「551」の豚まんでなじみのある、蓬莱という企業がある。

なぜ「551」なのかと思いながらも、551の豚まんを買って帰る大阪の人は多い。大阪ミナミに「蓬莱」と名のつく中華料理屋は三店ある。もとは、同じ企業だったが、今は別会社である。しかし、お客さんの方は、そんなことは関係なく蓬莱と言えば一つの感覚である。豚まんの味もそれぞれ違うのにひとくくりに評価されても困るということで、なんとかしたいと「551蓬莱」の先代社長はあたまをひねっていたのである。そして一服しようとタバコを取ったそのとき「これや」と思いついた。吸ったタバコが「555」で店の電話番号が「551」。だから「551」の愛称をつけようとなったのである。「551の豚まん」はよく売れたが、豚まんという響きで、若い女性層がすんなり買っていかないという状況にあった。そこで、なんとかしたいと、CMに吉本の若手漫才コンビを起用したのである。これが当たり、以前ははずかしがっていたOL層も、堂々と行列するようになった。大阪では豚まんが定着したが、東京では「肉まん」と呼ばれ、これが全国区の呼び名になっていた。これもなんとかして、豚まんの全国制覇をしたいと考えたが、大阪の地を離れることはできない。それなのに今、「551の豚まん」は、東京をはじめ全国に幅広いファンをもっているのはなぜかというと、それは通信販売である。そして、大阪に来られた人にお土産として、新幹線の駅や、空港などでも売り出した。これが成功し、全国に「551の豚まん」が広がったのである。

　現在、一番商売がうまいといわれる会社を挙げるとすれば、やはり阪急である。話題作りの巧みさや日本一のレコードでは、阪急がずば抜けている。梅田に動く歩道（ムービング・ウォーク）があるが、これは昭和四十二年（1967）に登場したもので、日本初である。その年に阪急梅田駅が200メートル北上している。旧駅は現在の阪急百貨店のところである。日本最初のターミナルデパートであった阪急百貨店から200メートルとはいえ、移動により、地下鉄等からの乗り換えも不便になったので、お客様の負担を少しでも軽くしようと、歩道を動かせる戦法に出たのである。自動改札や切符の自動販売機も、阪急の先発で、これらの技術開発には膨大な投資をしている。しかし、それらのサービスが話題を呼び、宣伝となり、お客様が増え、もうかるという「ブーメラン効果」を発揮する。投資は円弧を描

き利益となって帰ってくるというものである。阪急の開発を見ていくと、路線を造り沿線に町を創出していく戦略や、駅の上に百貨店を設ける発想など、大阪人の合理化精神が根っこにあるから可能であったと言えるものが多い。川が流れる街、阪急・三番街のデビューは1969年であるが、地下街に川が流れるというおもしろい発想である。大阪の人はむだを廃するが、川は大いなるむだで成り立っているのである。ところが、このむだが人気を呼び多くの人を吸引した。阪急は、現在も梅田エリアの再開発を進めており、梅田から中津までの一駅間がスッポリ「阪急村」に変わりつつある。衣食住遊泊すべてが「阪急村」でまかなえるということで、利用する側も便利で、経営サイドももうかるという、実に合理的なものである。

E.「少しでも」に目をつける

　大坂には、武士はほとんどいずに、町人が多く行政は町人がにぎっていたので商業の町、商人の町として発展してきた。商人というのは人と同じことをしていては、もうけることができないので、人とは変わったことをしようと絶えず競争をしてきた。そこに、大阪の商売はうまいといわれる根源があるのである。どんな小さなことでも、少しの便利さにでも、よいものを安くと目をつけ、追求し、やがてそれを大きくしていく、このパワーが現在の便利で住みやすい大阪の町を築き上げていったのだといえる。

VI.　結び
～全てが「大阪の文化」という輪でつながっている～

　現在の大阪という町は、日本の中のほかの文化や、外国の文化を新しいものとして、たくさん取り入れ、いろいろなところで、日々変化している。しかし、これだけたくさんの、ほかの文化を取り入れているにもかかわらず、「大阪」は、独特な文化をもつ町として、全国に認識されている。それは一体なぜか。

　その、答えとして考えられるのは、大阪には、古く大坂が誕生したときから、長い間に築かれた文化の基礎があるのだと思う。そのしっかりとした基礎の上に、ほかの文化がそのまま

［評］

この章は、新家君の論文の中で最も優れた部分です。取り上げられている例も的確で、大阪商法の根底に合理的精神が脈打っていることがしっかりと記述されています。ただ、せっかく「阪急の開発」に触れているのですから、「阪急」の創始者、小林一三の商法を紹介すべきでしょう。

乗っかるのではなく、基礎とミックスされて新たな大阪の文化として、受け入れられていく。そこに、時代を経ていくらほかの文化が大阪に入って来ても、大阪の独特の文化がずっと受け継がれている要因があると思う。

そして、そういう文化の中で育っていった大阪の人々は、当然独特なものをもつ集団となっていくのである。「大阪のおばちゃんはおもしろい」とか、「大阪の人が二人寄ったら漫才をやってるみたいだ」などと言われるのには、大阪に漫才や吉本新喜劇が誕生したときから、庶民の娯楽文化として、人々が受け入れてきたからであると思う。それと同時に大阪弁という言葉も少しずつではあるが変化していったのである。

大坂城を築いた豊臣秀吉が船場を開発し、商売の町として栄え、活気に満ちた町づくりをめざしてきた大阪。四百年余りたった今でも、その活気は変わらずに満ちあふれているように思う。人とは違ったことを考え出していかないと儲けることができないので、少しでもみんなが喜んでくれるもの、便利なものを開発して、そして、どこよりも早く流通させるという考えは、現在の大阪の企業にも、昔の商人にも共通して持っている思想ではないかと思う。

また、少しでも早く栄養のあるものを食べれるようにと、きつねうどんが考え出されたり、もともと甘いお菓子だったものを、エビなどの具を入れるという、ちょっとした工夫から、お好み焼きを作り出したり、インスタントラーメンという新しい食べ物を大阪で初めて売り出してヒットさせたりと、大阪の食文化を少し思い出してみても、ちょっとでも変わったものをと考える、大阪商人の思想が大きくかかわっている。

このように考えていくと、大阪特有のものとして取り上げて調べてきた、「大阪弁」「商売」「お笑い」「食べ物」というそれぞれの項目は、一つひとつが独立して存在しているのではなく、一つの「大阪の文化」という輪で、しっかりとつながっていることが分かる。そして、これらのもの全てが、背景となって、現在の独特な大阪文化が築かれたのである。

国際化の進む、この日本の「大阪」の町は、これからもどんどん外国文化を受け入れ変化していくだろう。それと同時に、世界の国々から、大阪を知ってもらえる機会も増えるであろう。

そのときに、大阪の人が、昔から生活していく中で絶えず、より合理的に、楽しく、活気に満ちあふれる町作りをと努力して築き上げてきた、今の独特な大阪が、これからもずっと、変化のなかで、新鮮なものとして続いていってほしいと思う。

注記

1）蓮如（1415～1499）浄土真宗中興の祖。本願寺第八世法王。五十歳以降積極的布教に乗り出す。

2）大坂石山御坊　現大坂城本丸の地。1496年蓮如が建設。1580年火を発し焼失。

3）山科本願寺　1478年蓮如が本願寺を再興した。1532年焼き打ちに遭う。

4）前田勇著『大阪弁』（朝日新聞社、1977年）p.12

5）西山宗因（1605～1682）談林派俳諧の祖。天満天神の月並み連句の会の再興のために正保四年（1647）に京都から招かれた連歌師である。代表作「浪華津にさく夜の雨や花の春」。

6）松永貞徳（1571～1653）江戸初期の俳人・学者。貞門俳諧を確立。著書に『徒然草慰草』。

7）井原西鶴（1642～1693）江戸時代の浮世草子作家・俳人。大坂町人の子。宗因に俳諧を学び矢数俳諧の第一人者になる。町人生活をありのままに描き、浮世草子作家として世に認められる。代表作『好色一代女』。

8）三河萬歳　新年にえぼし姿で家の前に立ち、祝いの言葉を述べ、つづみを打って舞う者。

9）上島幸子著『聞き書・大阪の食事』（毎日新聞社、1991年）p.350

10）千利休（1522～1591）千家流茶道の開祖。以後の茶道に彼の影響の及ばぬものは少ない。秀吉の怒りを受け自刃した。

11）住友　現在の日本三大財閥の一つ。

12）鴻池　近世から続く大阪の富豪。鴻池銀行を経て現在は三和銀行である。

参考資料

井上薫著『大阪の歴史』（創元社、1986年）

[評]

①「大阪弁」「商売」「お笑い」「食べ物」が、「大阪の文化」という輪でつながっているとありますが、四つの言葉は同列ではなく、そのうち「商売」（商人文化）が、大阪文化の土台の役割を果たしていることをI章からV章まで論じてきたはずです。結びのところでそのことを強調すべきでした。

結びの章は、結局論文で何を明らかにしてきたのかはっきり述べるところです。くどいくらい到達した結論を強調していいのです。やや、もったいない終わり方です。

②「今の独特な大阪が、これからもずっと、変化のなかで、新鮮なものとして続いていってほしいと思う。」の部分は、論文としては不要です。「あとがき」に回した方がいいでしょう。「結論って何？」の解説（p.82）で説明した通り、「ほしいと思う」という、「肯定的で前向きな、感想の言葉」で締めくくらないと落ち着かないのかもしれません。

[評]

各ページの[評]で指摘したように、情報源、出典を左の注記に明記すべきものがありました。新家君の注記は、補足・用語説明としては充実していますが、出典明示としては不十分です。

上島幸子著『聞き書・大阪の食事』(毎日新聞社、1991年)

大谷晃一著『大阪学』(経営書院、1994年)

大谷晃一著『続・大阪学』(経営書院、1994年)

岡本良一著『大阪の歴史』(岩波文庫、1985年)

坂本太郎監修『日本史小辞典』(山川出版社、1957年)

創元社編集部著『大阪ものしり事典』(創元社、1994年)

前垣和義著『とことん知恵出す大阪商法』(明日香出版社、1996年)

前田勇著『大阪弁』(朝日新聞社、1977年)

ユーモア人間倶楽部編『大阪人VS東京人くらべてみたら』(青春出版社、1992年)

あとがき

　はじめは、結論までたどり着くことができるかどうかという不安があったが、数々の参考文献によって、深く研究を進めることができ、論文も完成させることができて、よかったと思う。

　論文を作成するにあたって気をつけたところは、大阪の文化を調べるからといって、大阪だけを見つめていたのでは、他の文化との違いをはっきり理解することができないので、たとえば東京など、なるべく他の文化にも目を向けつつ、大阪の独特さを引き出すようにしたところである。それから、もうひとつは、論述の中で、歴史についての部分と、おもしろいエピソードの部分をなるべくかたよりがないように、うまく織り混ぜながら展開するようにしたところである。

　一番苦労したところは、やはり、結論の部分だったと思う。今まで長い年月をかけて築き上げてきた大阪の文化について背景を、ほんの何ヶ月間かの研究によって、きっぱりと言い切ってしまうのは、本当に大変なことで、その分しっかりと研究し、論述しなければならないという強い思いにさせられた。それでもやはり不十分な点はあったと自分では思う。

　この論文を通して、大阪の文化について、いろいろな方面から広く学ぶことができて本当に光栄だったと思う。もし機会があれば、今度はもっと深い研究をしていきたいと考えている。

［評］

ここは、論文の中で唯一、感想を述べてよい部分です。論文を書き上げた後の思いが、伝わってきます。大学での本格的な研究活動で、高校時代の「論文を書く」体験が生かされることを願っています。

[論文例２]

日本の盲導犬はなぜ足りていないのか

プール学院中学校　2015年度
3年　尾田亜美

目次 (ページ打ちは略)

序
Ⅰ. 盲導犬とは何か
Ⅱ. 盲導犬が誕生した理由
Ⅲ. 日本に盲導犬は何頭いるのか
Ⅳ. 盲導犬訓練士の育成方法
Ⅴ. 盲導犬の訓練方法
Ⅵ. 盲導犬に対しての人々の理解
Ⅶ. 結び
添付資料
参考資料
あとがき

序

　中学生になって、電車通学するようになってから車内で何回か盲導犬をみかけた。そのときに、「盲導犬ってどうしてこんなに賢いんだろう、どんな訓練をしているんだろう」と疑問に思った。だから、この卒業論文作成の機会にこのことについて調べてみることにした。

　日本は盲導犬の頭数が少ないとよく聞く。そこで、どうして少ないのか疑問を持ったので頭数について調べた。また、人々が盲導犬に対してどう思っているのか調べた上で、私たちが盲導犬や盲人に対して何かできることがないか考えていきたい。

　私の論の進め方としては、まず盲導犬はどのような犬なのかを説明する。次に、盲導犬が誕生した理由や歴史について記述

[評]

日常の一コマから問いが生まれました。そこから盲導犬の数の少なさとその理由を人々の盲導犬に対する考え方から探っていくということですね。

する。さらに、訓練士の育成方法や盲導犬の訓練方法について述べる。最後に、人々が盲導犬に対してどのように思っているのかや、私たちがどのように接していけばいいのかを論じ結論を導きたいと考えている。

Ⅰ．盲導犬とは何か

「盲導犬」とは、目の不自由な人の歩行を補助できるように、十字路や曲がり角、段差で立ち止まり、ユーザーに教えたり、障害物をよけるように特別に訓練された補助犬のことである。盲導犬は道路交通法によって、視覚しょうがい者の歩行手段として公的に認知されている。しかし視覚しょうがい者が盲導犬に関する情報を得るのは容易ではない。（高柳哲也編『介助犬を知る』名古屋大学出版会　2005年　p.131）

　盲導犬にむいている犬で日本で活躍しているのは、ラブラドール・レトリバー、ゴールデン・レトリバーである。

Ⅱ．盲導犬が誕生した理由

　戦争で失明した人のために、1916年ドイツで盲導犬育成が開始された。しかし、犬と一緒に生活する習慣がなかった当時、視覚しょうがい者から「犬と起居をともにすることは、盲人の地位を犬と同じにおとしめることだ」と反対の声もあがった。（江澤恭子著『人を助ける犬たち　犬とともに歩む人たち』ミネルヴァ書房　2002年　p.187）

　江澤恭子著『人を助ける犬たち　犬とともに歩む人たち』によると、日本に盲導犬が来たのは、1938年3月にアメリカ人の盲導犬ユーザーが観光旅行で来たのが最初とされている。ユーザーの話に感銘を受けた日本シェパード協会の人たちは盲導犬に強い関心を持ち、翌年、四人の日本人実業家が訓練済みの盲導犬を一頭ずつドイツから輸入し、陸軍に献納したという記録があるが、日本で初めて盲導犬が誕生するのには訓練開始から約18年間の歳月がかかった。

［評］
出典は本来ならば注記を作成するところですが、中学生の段階では、本文中に記すように指導しています。

Ⅲ．日本に盲導犬は何頭いるのか

　平成11年（1999年）、日本には約35万3千人の視覚しょうがい者がいて、そのなかで4千～8千人が盲導犬を希望していた。それに対して、平成13年（2001年）、日本では875頭の盲導犬が活躍していた。（松井進著『盲導犬ハンドバッグ』文藝春秋　2002年　p.16）つまり、盲導犬を希望しても、申し込みさえすればすぐに実現するとは限らない状況だったといえる。

　2001年3月末時点の盲導犬実頭数は895頭、2003年3月末は1067頭、2012年3月末は1043頭で、2013年は1010頭であった。このように2003年から2011年の盲導犬実頭数は増えていっているが、2011年から2013年にかけては減っていることがわかる。（日本盲人社会福祉施設協議会の資料による）

　1960年に盲導犬についてふれた法律（身体障害者補助犬法）ができると、盲導犬を育てる団体も増えてきた。しかし、盲導犬は10才を過ぎると引退するので、2頭目、3頭目が必要になるユーザーもいる。新しくユーザーになりたい人に盲導犬を渡すためには、引退する数以上の盲導犬を育てないといけない。

　日本と欧米の国々では盲導犬普及率に大きな開きがある。特にイギリスとは10倍近い差がある。（グラフ1参照）日本では、視覚しょうがい者が盲導犬を申し込んでから引き渡しするまでの待機時間は約1年だが、イギリスはたったの3カ月だ。このように、日本と欧米では、大きな開きがある。

Ⅳ．盲導犬訓練士の育成方法

　介助犬訓練士の明確な資格は日本においても、世界的にも存在しない。そもそも犬の訓練士、トレーナーには国家資格や公的資格は存在しないのだ。

　盲導犬訓練士になるためには、高柳哲也編『介助犬を知る』によると、年齢は18～24歳、視覚しょうがい者を良く理解し、誠意を持って指導に当たれる、盲導犬育成事業の目的を良く理解し深い愛情と責任により仕事に従事できる、精神的・肉体的に健康であり、仕事を行うのに十分な体力がある、協調性があ

［評］

日本と海外の盲導犬普及率の格差や状況を視覚的に図解して示すと、より読者に伝わると思います。

り明るい、高等学校卒業以上の学力を有する、自動車の普通免許を有するなどの条件がある。

訓練の第1段階は、盲導犬協会に採用されてから3年間の「研修生」期間だ。この間に、犬と盲導犬に関する知識とその訓練技術、視覚しょうがい者の歩行に関する知識とその訓練技術のほか、犬舎管理を含む犬の飼育技術、動物心理学などを学ぶ。「盲導犬訓練士」になってからは、所属の協会の指導と監修のもとで、最低2年間かけて訓練技術および専門知識を学び、経験事例が規定の水準に達すると、自らの責任において盲導犬を訓練し、視覚しょうがい者に歩行指導を行うことのできる「盲導犬歩行指導員」として認定される。しかし、盲導犬訓練士の職場は、9団体しかなく、その規模は小さい。志望者が多い一方で定期募集はなく、ほとんどの場合、欠員が生じたときに募集があるだけのため、狭き門となっている。

盲導犬訓練士の仕事内容は、盲導犬訓練のほかにも、訓練犬の配食や訓練犬の日常の世話などもある。また、盲導犬を希望する視覚しょうがい者からの問い合わせや体験歩行の要望に応じたり、盲導犬のユーザーへのフォローアップなども訓練士の仕事だ。ほかにも、視覚しょうがい者に、盲導犬の扱い方も教えている。直接、盲導犬や視覚しょうがい者にかかわることだけでなく、盲導犬を引退した犬（リタイア犬）とリタイア犬を飼育するボランティアを希望している人、盲導犬には向かないと判断された犬（キャリアチェンジ犬）とその犬のオーナーとなってくれる人との橋渡し役なども仕事の一部だ。

Ｖ．盲導犬の訓練方法

盲導犬の育成は、盲導犬として適性のある親選びからはじまって、パピーウォーカーの家庭にあずけられ、1歳前後まで普通のペットとしての生活を送る。その後、適性検査が行われ、盲導犬としての適性があると判断された犬に対して初めて訓練が行われる。訓練期間は盲導犬協会によって異なり、最短はアイメイト協会（東京都練馬区で1957年に設立）で3カ月、最長は約1年だ。こうして盲導犬としての基礎訓練が終わった候補犬たちは、今度は、使用者となる視覚しょうがい者との共同

訓練に入り、その訓練を終了した犬だけが晴れて盲導犬として社会で活躍することができるようになるのだ。

盲導犬の訓練内容は「まて・ふせ・すわれ」などのほか、人が落としたものをくわえて持ってくることを覚える。このときに、教えたことをきちんとできたら、指導員は犬のからだをなでたりして必ずほめる。ほかには、段差のところにきたら、必ず止まることを教えて、段差が終わったらもう一度止まるように教える。ほかには、長い棒を立てかけ、障害物に見立てて、指導員がわざと棒にあたり、よけて歩かなくてはいけないことを教える。何度か繰り返すと、ちゃんとよけて歩けるようになる。

ほかには、指導員が犬を連れて歩いているところに車を走らせて、指導員は車に近づくと止まり、車体をバンバンとたたいて「これは危ないものだ」と教える。何度か繰り返すと、犬は自動車をよけて歩けるようになる。このようにして、約120日間の訓練を行う。

盲導犬自身が、障害物を避けて、主人を安全に導くには、犬が人間の体の大きさを覚えておくことが大切だ。

盲導犬は常に使用者の左側につき、道路では左側を歩くのが原則だ。仕事中は、右前足と右後ろ足、左前足と左後ろ足を同時に動かす歩き方をしている。

VI. 盲導犬に対しての人々の理解

日本では盲導犬に対する考え方が未熟で、盲導犬を連れて入ることができない店があったり、乗り物の中でも盲導犬を怖がる人たちがいる。また、既に50年以上の歴史を持ち、市民権を得ているはずの盲導犬において、社会的に認知度が薄く盲導犬使用者が不愉快な思いをし、社会参加を拒まれているといえる。

盲導犬への理解は少しずつ進んで行ったが、タクシーの乗車拒否にあったり衛生的に不安との理由から飲食店や宿舎施設に利用を断られるケースもたびたびあった。しかし、運輸省・厚生省・環境庁（いずれも当時）から相次いで通達が出された。（表1参照）鉄道各会社や、旅館・飲食店・国民宿舎などに、盲導犬

［評］

この未熟さの根底には何があるのでしょう？ 中学生にはむずかしいかもしれませんが、しょうがいをもつ人々が社会から見えにくくされている理由にさらに切り込めるとよいと思います。

を伴った視覚しょうがい者への理解と配慮を求める内容である。1986年には、それまで必要とされていた口輪を装着しなくてもバスに乗れるように通達が改正されるなど、盲導犬への理解は少しずつ進んでいった。

'4年の埼玉県視覚障害者福祉協会がアンケート
ンケートは会員を含め、県内外の視覚しょう
メールで行い、112人が回答した。それに
ぶつかる、「じゃまだ」「どけ」など乱暴な言
といった人は約4割の47人いた。ほかに
出・移動時に危険や恐怖にさらされたこ
記事1、2参照)

展開する「エイチ・ツー・オー　リテイ
2015年10月3日に同店9階であった
厚生労働省主催のイベント終了後、参
と一緒に同じ階にある喫茶店に入ろう
ルバイト店員に「犬同伴の入店はでき
じ階の別の喫茶店でも同様の対応を受
たというようなこともおこった。

導犬や介助犬と出会ったときは、彼ら
口笛を吹いたりといった犬の気を散
らすようなことや、食べ物を差し出したりするようなことはしてはいけない。しかし、私たちが盲導犬に対してできることがある。それは、ユーザーが座る場所を、人通りが少なく補助犬が休めるところに案内したり、ハーネスなどの装着が正しくないときに、飼い主に教えてあげたり、補助犬の汚れがあまりにひどい場合に、飼い主に教えてあげたり、周囲の人々に迷惑な行動を補助犬が行ったときにも教えてあげるというようなことだ。

盲導犬訓練所では、不当な対応を受けた相手には、書面をもって改善を要望するようにユーザーに勧めたり、訓練所から書面を出すなどして、理解の普及に努めている。

Ⅶ. 結び

これまで、日本の盲導犬のさまざまなことについて調べてき

TEL03
FAX03
03
5296
5296
96
96
96
22
10

定価
2,000円+税

たが、盲導犬は既に50年以上の歴史を持っているのに社会に
しっかり認知されていないために、タクシーの乗車拒否や、最
近では、聴導犬が阪急百貨店の建物には入れたが、その中のカ
フェに入店できないということがあった。しかし、徐々にその
数は減ってきている。

　また、盲導犬を訓練するのには基礎訓練だけで最短3カ月、
最長で約1年もかかってしまう。さらに、共同訓練でも120日
間かかる。このように、とても訓練に時間がかかってしまうの
だ。

　また、盲導犬訓練士の職場は日本では9団体しかなく、その
規模は小さい。志望者が多い一方で定期募集はなく、ほとんど
の場合、欠員が生じたときに募集があるだけのため、狭き門と
なっている。さらに、盲導犬歩行指導員になるには、「研修生」、
「盲導犬訓練士」、「盲導犬歩行員」と段階を踏まないといけない
のでこれも期間が長くかかってしまう。

　盲導犬は10歳をすぎると引退するので、2頭目、3頭目が
必要になるユーザーもいる。新しくユーザーになりたい人に盲
導犬を渡すためには、引退する数以上の盲導犬を育てないとい
けない。

　私は、これらのことから、日本の盲導犬の数が少ないと考え
る。

[評]

データや事例を示して日本
における盲導犬の少なさや
世間の理解が深まっていな
い点を記述したところは評
価できます。ここから、な
ぜ盲導犬を欧米のように増
やすことができていないの
か、日本人の福祉に関する
意識や国の姿勢に踏み込
んで考察すると、さらに深
い論述になるのではないで
しょうか。

添付資料

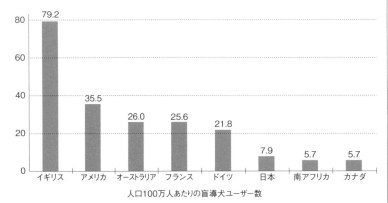

人口100万人あたりの盲導犬ユーザー数

グラフ1　各国の盲導犬普及率（2013年3月現在）
（公益財団法人関西盲導犬協会HPより）

表1　盲導犬に関する通達等

1969（昭和44）年	国鉄、盲導犬無料乗車の試行をはじめる
1973（昭和48）年	国鉄、旅客営業取扱基準規定を一部改正し、盲導犬同伴での乗車を認める
1973（昭和48）年	建設省通達「身体障害者の入居に係る公営住宅の管理について」
1977（昭和52）年	盲導犬ユーザーが初めて国会に入り傍聴する
1978（昭和53）年	運輸省通達「盲導犬を連れた盲人の乗合バス乗車について」
1980（昭和55）年	環境庁通達「国民宿舎等休養施設の管理運営について」
1981（昭和56）年	厚生省通達「旅館、飲食店等の環境衛生関係営業について」
1991（平成03）年	運輸省通達「身体障害者のホテル・旅館等の利用について」

（公益財団法人関西盲導犬協会HPより）

記事1　『朝日新聞』2014年9月21日朝刊　埼玉37面（本書では省略）

記事2　『朝日新聞』2014年9月12日朝刊　埼玉35面（本書では省略）

参考資料

キャロライン・アーノルド文『ハニーが盲導犬になるまで』（国土社、2000年）

有馬もと著『身体障碍者補助犬法を知っていますか』（大月書店、2003年）

ヴィットインターナショナル企画室編『知りたい！なりたい！職業ガイド　動物にかかわる仕事』（ほるぷ出版、1997年）

江澤恭子著『人を助ける犬たち　犬とともに歩む人たち』（ミネルヴァ書房、2002年）

菅能秀一著『盲導犬の訓練士』（あかね書房、1989年）

こどもくらぶ編『盲導犬』（鈴木出版、2002年）

坂井宏先発行『総合百科事典ポプラディア　新訂版⑩』（ポプラ社、2011年）

公益財団法人日本盲導犬協会監修『しらべよう！はたらく犬たち1　盲導犬・聴導犬・介助犬』（ポプラ社、2010年）

菅井亜沙子著『北海道盲導犬物語』（長崎出版、2010年）

高柳哲也編『介助犬を知る』（名古屋大学出版会、2002年）

葉上太郎著『日本最初の盲導犬』（文藝春秋、2009年）

日比谷清監修『わたしは盲導犬イエラ』(ミネルヴァ書房、1997年)

平野隆彰著『盲導犬誕生』(ミネルヴァ書房、1997年)

松井進著『わかる！　盲導犬のすべて』(明石書店、2004年)

松井進著『盲導犬ハンドブック』(文藝春秋、2002年)

松井進著『Q&A盲導犬』(明石書店、2007年)

茂木俊監修『目の不自由なこどもたち』(大月書店、1998年)

日野多香子著『今日からは、あなたの盲導犬』(岩崎書店、2007年)

朝日新聞2014年9月12日朝刊

朝日新聞2014年9月21日朝刊　埼玉

朝日新聞2014年4月4日朝刊　宮崎

盲導犬訓練士について／盲導犬について／日本盲導犬協会
　　https:www.moudouken.net/knowledge/trainner.php.
　　2015年7月30日受信

盲導犬訓練士になるには、公益財団法人関西盲導犬協会
　　https:www.kansai-guidedog.jp./knowledge.trainerl/index
　　2015年6月30日受信

各国の盲導犬普及率　関西盲導犬協会
　　https://www.kansai-guidedog.jp/knowledge/activity
　　2015年5月19日受信

盲導犬の歴史　公益財団法人関西盲導犬協会
　　http://www.kansai-guidedog.jp/knowledge/activity
　　2015年5月16日受信

利用した図書館
　　プール学院中高学習情報センター
　　大阪市立住吉図書館

あとがき

　研究にあたり苦労したことは、盲導犬に関する情報が初めの方はあったが、やっていくうちに情報が少なくなって、インターネットを使って調べなくてはならかなったことだ。また、文章をまとめるのが苦手なので大変だった。

反省点は、初めの方に情報を集めている間は、これぐらい情報があればいけるだろうと思っていたが、論文を書いてるときに、この情報がもっとあればよかったと思うことがあったことだ。今度もし論文作成の機会があったらこの点を気をつけたい。

調べていく中で、私たちがちゃんと介助犬のことを理解していかないといけないんだなと考えさせられた。そして、盲導犬のことを理解して、困ってる人がいたら助けてあげたい。

［評］
資料探しに苦労していましたが、諦めずに努力していた様子をよく覚えています。中学生でこのようなまとまった文章を書くのはなかなか大変なことですが、なんとか自分の文章で論じようとする姿勢が見てとれました。書きながら情報不足に気づけたことも今後の糧になると思います。この研究に取り組んだことで、テーマを自分に引き寄せて考えることができたことが何よりの成果ではないでしょうか。

プール学院中学校における論文指導
阿部はる奈

2009年度からスタートしたプール学院中学校の卒業論文制作とその指導は、関西学院高等部読書科での高校生への指導経験を元に、内容を中学生向けにアレンジしながら進めてきました。

1年生では調べ学習の基礎として、目次や索引、百科事典の引き方、NDC、資料検索のコツ、レポートの書き方、新聞紙面の構成と読み方などを学び、2年生から論文制作にとりかかります。

生徒たちは自分の興味関心を掘り起こしながら関心領域を挙げ、研究領域を決め、基礎資料を読みながらカード作成を行います。研究の過程は本書とほぼ同様ですが、中学生の場合、自分のテーマに関する専門知識がほとんどないところからのスタートとなるため、仮説を立てる際に「直感によってうっすらと見えている」はずの答え（結論）が全く見えておらず、真っ暗闇の中を手探りで進もうともがいている生徒も見受けられます。また、語彙が豊富でない生徒にとっては資料検索も一苦労のようで、検索ワードの入れ方や書架をどのように巡りながら探すのか、一朝一夕では定着しない技術を根気強くどのように伝えていくかが教師や司書にとっての課題です。

とはいえ、中学生の3年間の成長には目を見張るものがあります。最初は資料を検索することや、まとまった量の文章を読むこと、奥付を見て正しく出典を記すことなど、あらゆることに苦労していますが、3年生になる頃にはずいぶん上達します。真剣に資料と向き合い、問いの解決に取り組む生徒たちはとても充実していて美しいです。何より、2年間かけてひとつのテーマについて徹底的に調べ、研究し、論をまとめる、という作業を経験し、自分と向き合うことに意義があると言えるのではないでしょうか。

研究をふりかえり、自己評価しよう

3-F

演習編→ p.172

　研究に終わりはありません。「書き始める前に」でもふれましたように、結論に到達したとき、次の問いが誕生しています。新しい旅立ちをするために、自分の研究をふりかえり、自己評価しましょう。

1．自分の論文を自己評価して下さい。（5段階）

①テーマに呼応した納得のゆく結論が得られた。

　　5　・　4　・　3　・　2　・　1

②筋の通った論を展開することができた。

　　5　・　4　・　3　・　2　・　1

③必要な資料が得られた。

　　5　・　4　・　3　・　2　・　1

④結論を裏付ける論拠（事例、統計数字）を示すことができた。

　　5　・　4　・　3　・　2　・　1

⑤最後まで自分の文章で書き上げることができた。

　　5　・　4　・　3　・　2　・　1

⑥論文の総合評価

　　5　・　4　・　3　・　2　・　1

2．研究過程で最も苦労したところはどこですか。（複数可）

①テーマ設定　②情報検索・収集　③情報の記録　④結論を導く

⑤アウトラインの組み立て　⑥下書き　⑦論文の仕上げ

⑧その他（　　　　　　　　　　　　　　　　　　　　）

補論1	「研究」って何？ ── 研究者の倫理

　ともかくも一つの論文を仕上げることは、大きな体験です。しかし、それはあくまで研究者としての第一歩に過ぎません。研究にゴールはありません。ある結論への到達は、次の問いへのスタートを意味します。

　前の問いが乗り越えられると、たちまち次の問いが現れる。そのつど問いの次元は高くなってゆきます。あるいは深まるといってもいいでしょう。問いを続ける限り、究極的には、問うことの意味そのものが大疑問となるところまで行きつくはずです。

　もちろん、研究者は、それぞれに自分の研究領域を持っていて、いつもこうした根源的な問いを発しているわけではありません。しかし、専門領域内での研究活動に終始して、自身の研究の意味そのものを一度も問うてみようとしない研究者は、いかに知的操作に卓越していても一級の研究者とはいえません。「専門ばか」などと呼ばれ、密かに軽蔑の対象にさえなっています。

　研究の意味を根底から問うことは、研究者の倫理でもあります。わかりやすくいうと、自分の研究が、「人間の幸福につながるものであるのか」と常に問うていなければならないのです。

　研究は、きわめて個人的な営みのように見えながら、他者に強く働きかける行為です。人類は自らを一挙に破滅させるほどの「高度な(?)技術」を獲得しました。また、先年の、一教団がかかわった無差別殺人事件の実行グループの中には多数の「優秀な(?)科学者」が含まれていたようです。科学とは、いったい何でしょう。今日ほど、研究者の倫理が切実に問われている時代はありません。

　倫理といっても、単に研究の結果に責任をとればよいというのではありません。もっと深い意味を持っています。旧約聖書は、知恵の木の実を食べ、人間的知性に目覚めたことが罪の出発点であると説きます。知的活動それ自身の中に、罪が宿っているという自覚こそ、倫理の基本です。「科学それ自体は中立で、その用い方が問題だ」などとのん気なことを言ってはおれません。現代は、そんな段階ではありません。「人間の知」そのものが根底から問われている時代です。

　読者諸君の研究活動が、単なる知的ゲームに終わることなく、温かい人間性の上に築かれることを願っています。大げさに聞こえるかもしれませんが、問いを持ち、論文を書くという体験は、思索を根源まで深める旅につながるものなのです。

研究者として成長するために
——古今東西の古典を読もう

　論文を書くために必要なことを述べてきたつもりですが、研究者としてどうしても加えてほしい資質があります。それは、古今東西の古典を読む力です。読書家として成熟することと研究者として成長することは同時に進行するというのが、筆者の持論です。その意味で、この補論の記述は、決してテキストの趣旨から外れていないと思っています。しばらく、筆者の読書論に付き合ってください。

　書物と出合うためには、想像力、つまり感覚ではとらえられない世界（空想の世界、あるいは心の中の世界といってもよい）を思い描く力が育っていなければなりません。想像力は書物に向かうための最も大切な資質です。言葉に対して豊かなイメージを浮かべることができなければ、書物の中に入れません。

　著者が、書物の中に閉じ込めた世界は、読者の想像力によって、再び引き出されます。物語を読む場合、登場人物の喜び、悲しみ、希望、不安、愛、憎しみなどが、自分のものになって、その人物とともに生きてみる力がなければなりません。他者とともに生きることの源泉は、想像力です。物語を読むことで、現実では考えられないほどの大きな振幅で生きることになります。並外れた美しい生き方をするかと思うと、徹底した悪を生きます。

　では、想像力はどのようにして育つのでしょうか。幼少年期、とりわけ少年期の生活そのもの、とくに遊びが想像力を養います。少年時代ほど非日常的で虚構性に富んだ時代はありません。現実がそのままファンタジーだといっていいでしょう。親よりも、異性よりも、同性との交わりをたいせつにします。仲間と虚構の世界を作り、「秘密」を共有します。

　乱暴な言い方をすると、少年時代には書物よりも遊びが重要です。仲間と存分に遊び尽くす体験そのものが、次の青年期の読書生活、精神生活の準備となります。少年の心を育てる主役は、遊びです。読書は脇役です。

　少年期の読書について若干、触れておきます。少年が手にする書物はすべてファンタジーです。鉄道の本を読んでいても、昆虫の本を開いていても、文字通りファンタジーのジャンルの本に没頭していても、その時、少年は、ファンタジーの世界に遊んでいるのです。少年時代に十分に遊べなかった者は、青年期の早い時期に、読書によってその補いをしてほしいものです。書物の中で存分に遊んでもらいたいのです。関西学院高等部の読書教育は、遊びを喪失し、それゆえに精神的に貧しい少年時代を過ごしてきた生徒が多いことを踏まえて、入学後は、まず、読書の楽しさを体験することから始めます。

さて、読書生活にとって最も重要な時期が、青年期です。青年期は、端的にいえば、古典に出合う時期です。ここでいう古典とは、風雪に耐え時の試練を経て、今日まで読み継がれてきた書物のことです。この期に、古典の扉を叩く力をつけておかなければ、二度とチャンスは巡ってきません。青年期は、自己存在が、徹底的に疑問符と化す時代です。破壊と創造の嵐が、青年を襲います。あまりの激しさに圧倒され、自ら命を絶つ危険性もあります。青年は、案外、死に近いところにいます。

この危機を乗り越えるために、人生の師との出会いが必要なのです。しかし、身近に、そうした人物を見出すことができるのは、よほど幸運な人で、ふつうは、古今東西、広く師を探さねばなりません。そうなると、やはり、書物を通してということになります。古典との出合いです。

人生の師としての古典は、危機を乗り越えようとする青年を励ましますが、安易な道を示しはしません。苦しくとも正道を歩めといいます。機が熟さぬうちにこうした書物を開こうとしても、厳しい拒みにあいます。偉大な書物にはみなそういう冷たさがあります。書物は自分の自由な意志で選ぶものです。たいていの人がそのことを実行していると思っています。たとえば、古典とよばれる書物を毛嫌いする人は、自分の意志で拒んだと思っています。しかし、事実は逆です。人が書物を選ぶのではなく、書物が人を選ぶのです。読書論の多くは、この視点が欠落しています。だれでもいいから、できるだけ多くの読者を得たい、そんな媚びた姿勢で近づいてくる書物が溢れています。良書とか悪書とかいう言い方には抵抗がありますが、あえて善し悪しの基準を示すとしたら、その書物が拒む姿勢を持っているかどうかです。

前段で、古典との出合いの厳しさを強調しましたが、読書は、けっして禁欲的な苦行のようなものではありません。友情や恋愛あるいは師弟の出会いと同じように、深い喜びを伴います。深い出合いには、厳しさと喜びが一つになっています。異性との出会いにも厳しさが求められます。愛する人との出会いでは、日常的、世俗的な自己が糾弾されます。仮面が次々と剝がされてゆきます。手段ではなく、愛それ自体が目的であることの厳しさがあります。しかし、異性の前で、自己が真の自己になってゆく喜びは何にも代え難いものです。書物との出合いも同じことなのです。

さて、この補論のはじめに、古典を読む力は、研究者の重要な資質であると述べました。賢明な読者諸氏には、その意味をわかっていただけると思います。くどくど述べるのは蛇足です。一言でまとめておきましょう。読書によって、内面が耕されると、おのずと、人間や自然や社会への問いが生まれるのです。自己への問いと研究心は深いところで一つになっていると、私は言いたいのです。

筆者自身の読書体験、読書指導体験を踏まえて、比較的手に入りやすい文庫の中から、少年期・青年期に読むべき書物を選んでみました。100年以上も前に書かれた、文字通りの古典もあれば、比較的最近のものもあります。いずれも、これから後の世にも永く

読み継がれてゆくものと思われます。ともかく、一度挑戦してみてください。青年期を過ぎると、「読書の体力」は急激に低下します。青年期を通過した大人は、そのことを痛感しています。

文 庫 百 選

　すべて文庫本で読めます。多くは複数の出版社から出版されています。短編の場合、他の多くの作品とともに1冊の文庫に収められ、作品名と書名が一致しない場合もあります。（　　）内は作者または訳者です。一部を除いて、出版社は略します。2分冊以上のものも、その旨を記していません。

■日本の文学

(1)『鼻』（芥川龍之介）

(2)『羅生門』（芥川龍之介）

(3)『地獄変』（芥川龍之介）

(4)『河童』（芥川龍之介）

(5)『砂の女』（安部公房）

(6)『天平の甍』（井上靖）

(7)『山椒魚』（井伏鱒二）

(8)『黒い雨』（井伏鱒二）

(9)『海と毒薬』（遠藤周作）

(10)『沈黙』（遠藤周作）

(11)『キリストの誕生』（遠藤周作）

(12)『野火』（大岡昇平）

(13)『伊豆の踊子』（川端康成）

(14)『雪国』（川端康成）

(15)『出家とその弟子』（倉田百三）

(16)『暗夜行路』（志賀直哉）

(17)『城崎にて』（志賀直哉）

(18)『小僧の神様』（志賀直哉）

(19)『国盗り物語』（司馬遼太郎）

(20)『燃えよ剣』（司馬遼太郎）

(21)『破戒』（島崎藤村）

(22)『春琴抄』（谷崎潤一郎）

(23)『走れメロス』（太宰治）

(24)『お伽草紙』（太宰治）

(25)『人間失格』（太宰治）

(26)『坊ちゃん』（夏目漱石）

(27)『草枕』（夏目漱石）

(28)『それから』（夏目漱石）

(29)『こころ』（夏目漱石）

(30)『明暗』（夏目漱石）

(31)『潮騒』（三島由紀夫）

(32)『金閣寺』（三島由紀夫）

(33)『銀河鉄道の夜』（宮沢賢治）

(34)『風の又三郎』（宮沢賢治）

(35)『グスコーブドリの伝記』（宮沢賢治）

(36)『塩狩峠』（三浦綾子）

(37)『氷点』（三浦綾子）

(38)『友情』（武者小路実篤）

(39)『高瀬舟』（森鷗外）

(40)『舞姫』（森鷗外）

(41)『雁』（森鷗外）

(42)『さぶ』（山本周五郎）

(43)『樅の木は残った』（山本周五郎）

■世界の文学

(44)『オセロウ』（シェイクスピア）

(45)『ハムレット』（シェイクスピア）

(46)『嵐が丘』(E．ブロンテ)

(47)『ジキル博士とハイド氏』(スティーヴンソン)

(48)『幸福の王子』(ワイルド)

(49)『ドリアン・グレイの肖像』(ワイルド)

(50)『老人と海』(ヘミングウェイ)

(51)『若きウェルテルの悩み』(ゲーテ)

(52)『車輪の下』(ヘッセ)

(53)『クヌルプ』(ヘッセ)

(54)『赤と黒』(スタンダール)

(55)『トニオ・クレエゲル』(トーマス・マン)

(56)『変身』(カフカ)

(57)『女の一生』(モーパッサン)

(58)『狭き門』(ジッド)

(59)『人間の土地』(サン゠テグジュペリ)

(60)『外套』(ゴーゴリ)

(61)『初恋』(ツルゲーネフ)

(62)『地下生活者の手記』(ドストエフスキー)

(63)『罪と罰』(ドストエフスキー)

(64)『カラマーゾフの兄弟』(ドストエフスキー)

(65)『復活』(トルストイ)

(66)『アンナ・カレーニナ』(トルストイ)

(67)『クロイツェル・ソナタ』(トルストイ)

(68)『絵のない絵本』(アンデルセン)

(69)『ドン・キホーテ』(セルバンテス)

(70)『阿Q正伝』(魯迅)

■文学作品以外

(71)『ブッダのことば』(中村元訳、岩波文庫)

(72)『旧約聖書 創世記』(関根正雄訳、岩波文庫)

(73)『新約聖書 福音書』(塚本虎二訳、岩波文庫)

(74)『ソクラテスの弁明』(プラトン)

(75)『饗宴』(プラトン)

(76)『論語』(孔子)

(77)『コーラン』(井筒俊彦訳、岩波文庫)

(78)『キリスト者の自由』(ルター)

(79)『方法序説』(デカルト)

(80)『パンセ』(パスカル)

(81)『死に至る病』(キルケゴール)

(82)『眠られぬ夜のために』(ヒルティ)

(83)『歎異抄』(親鸞)

(84)『正法眼蔵随聞記』(道元)

(85)『後世への最大遺物』(内村鑑三)

(86)『代表的日本人』(内村鑑三)

(87)『余は如何にして基督信徒となりし乎』(内村鑑三)

(88)『風土』(和辻哲郎)

(89)『古寺巡礼』(和辻哲郎)

(90)『共産党宣言』(マルクス)

(91)『ツァラツストラはこう語った』(ニーチェ)

(92)『プロテスタンティズムの倫理と資本主義の精神』(マックス・ウェーバー)

(93)『遠野物語』(柳田国男)

(94)『古代への情熱』(シュリーマン)

(95)『ベートーベンの生涯』(ロマン・ロラン)

(96)『荘子』(荘子)

(97)『風姿花伝』(世阿弥)

(98)『善の研究』(西田幾多郎)

(99)『精神分析入門』(フロイト)

(100)『アンネの日記』(アンネ・フランク)

演習編

自分は何に関心があるのか？
とにかく言葉にしてみよう

1-A

解説編→ p.18

①1行に1領域のみを書く（具体化のプロセスも書き込めるように）。

②とりあえず20個程度挙げる。

③領域の大きすぎるものは、できるだけ絞ってみる。

④1単語（例：「いじめ」）でも、語句（例：「いじめと日本人」）でも、いきなりテーマの形をとった文（例：「日本人の集団意識は、いじめにどう作用しているか」）でもよい。

⑤思いつくすべてを書く。

⑥時をおいて、場所を変えて、書いてみる。1週間、「ぼんやりした関心」を言葉にする作業に集中する。

関心領域

　最初に思いついた領域が大きすぎる場合は、できるだけ具体的な言葉へと絞ってゆく。そのプロセスを矢印を使って書き留めておく。

　　　[例] 音楽→ロック→ビートルズ

　　　　　日本史→戦国時代→武田信玄

　　　　　中国→反日運動→教科書問題→南京大虐殺

はじめから具体的な領域を思いついた場合は、単独でキーワードを書いてもよい。

　　　[例] 裁判員制度　少子化問題　トイレの文化比較　村上春樹

右ページに記入

研究領域を決めよう
思いきって、捨てる

1-B

解説編→ p.21

　関心のある領域を三つくらいまで絞り、その領域の基本資料を1、2点書き込みます。

　後に一つに絞ったときには、残り二つは予備となります（研究作業が相当進んだ後での領域変更は望ましくありません）。

 下欄に記入

領域	著者	基本資料	出版社	出版年

　　＊版を重ねているときは最新年を出版年とする (p.73参照)。

決定した研究領域：

予備欄：

予備欄：

　　＊後に領域を変更した場合も、変更前の領域を書き残しておく。

　　＊2段目、3段目は、領域を変更した場合の予備の欄。

情報カードを作ろう
実際のカードに書き込む

演習編

1-C

解説編→ p.23

自分の関心領域に関する情報カードを作成していきましょう。

この演習は、実際に市販の B6 カードに書き込んでください。

✍ B6 カードに記入

まとめ文を作ろう
「問い」に気づく最初のチャンス

1-D

解説編→ p.27

複数の情報カードに記録された基本的情報をもとに、「まとめ文」を作りましょう。
ここでもう一度、「まとめ文の作り方」を示しておきます。

①カードを情報の内容によって4～6のグループに分ける。
②グループごとに内容にふさわしいタイトルを付ける。これをまとめ文の柱とする。
③柱 (小項目) ごとにまとまった文章を書く。1項目100～400字程度。
④最後に使用した資料リストを書く。
　(リストの書き方は、p.21の「基本資料提示の際に書くべきこと」参照)

✎ レポート用紙、原稿用紙などに記入

研究テーマの候補を挙げよう
最も重要で、最もむずかしい演習

1-E

解説編→ p.30

　研究テーマの候補を挙げましょう。すべて完結した疑問形で表現します。五つ以上候補を挙げてください。「○○○とは？」などのような短縮した疑問文は不可です。問いがあいまいになります。しっかり述語を書いて完結した文にしましょう。

📝 下欄に記入

テーマ候補

①

②

③

④

⑤

⑥

⑦

⑧

⑨

⑩

⑪

⑫

テーマ設定連想ゲーム

p.34「テーマ設定連想ゲーム」例を参考に、自分の研究領域からテーマの候補をいくつか挙げてみよう。

研究テーマを決めよう
ともかくスタート。徐々に問いは深まってゆく

演習編

1-F

解説編→ p.37

　決定したテーマを書きましょう。ただし、研究を進めてゆくうちにテーマは深まり、成長するものです。そうしたら修正・成長したデータを新たに書きましょう。成長の跡を記録するために、前のテーマ（問い）も消さずに残しておきます。

📝 下欄に記入

＊[　　]内にはテーマを書いた年月日を記入します。

決定した研究テーマ

[　　　　]

研究テーマの修正・成長

[　　　　]

[　　　　]

[　　　　]

[　　　　]

[　　　　]

[　　　　]

[　　　　]

[　　　　]

[　　　　]

サブテーマ（小課題）を設けよう

まったくの白紙の状態では、研究は始められない

1-G

解説編→ p.39

　テーマが決定したら、サブテーマを設定しましょう。サブテーマの数は、増えたり、減ったりします。また、はじめは独立していたサブテーマが統合されたり、一つのサブテーマが複数に分解したりします。あるいは、問い方が少し変わったりします。そこで、サブテーマも何度も書き換えられます。

下欄に記入

　　＊[　　　]内にサブテーマ番号を書き入れます。

　　＊記入欄は、2行で1セットにしてあります。まず上の行に記し、表現を修正した場合に
　　　下の行に記します。

サブテーマ

[　　　]

[　　　]

[　　　]

[　　　]

[　　　]

[　　　]

[　　　]

[　　　]

[　　　]

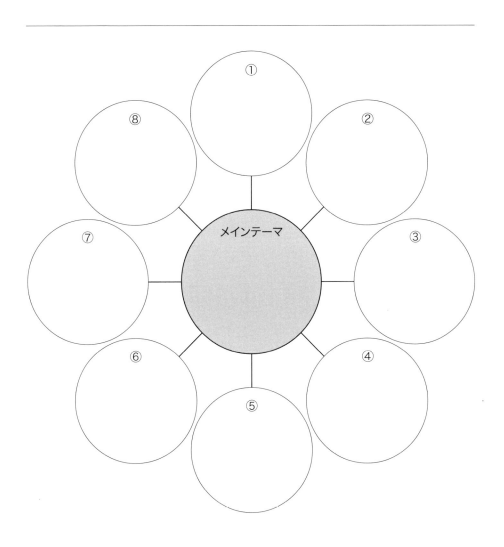

仮説を設けよう
ゴールをイメージする

1-H

解説編→ p.43

　研究のさまざまな段階で、仮説を書き留めておきましょう。なるべく早い段階で、直観している結論を言葉にします。

　まったく思い浮かばない場合は、少し時間をおきます。資料を読み、研究カードを作る演習の段階まで延ばします。

　以下、最初の段階の仮説のみでなく、研究が進むにつれて修正された仮説を、そのつど日付を打って記録しておきます。

 下欄に記入

仮説

資料を集めよう
図書館の達人になろう

2-A

解説編→ p.50

NDC（日本十進分類法）になじむ

　NDC（日本十進分類法）になじむためのちょっとした練習問題に取り組んでみましょう。あなたの身近な図書館で、以下の分類番号（1000 区分以上の分類番号）の図書を 1 冊探しましょう。下線部に、著者名（または編者名）『図書名』（出版社名、出版年〔版を重ねている場合には最新年〕）の順に記入します。

✎ 下欄に記入

例 816（文章．文体．作文）　　澤田昭夫著『論文の書き方』　　（講談社、1977 年）

① 007（情報科学）

② 019（読書．読書法）

③ 049（雑著）

④ 159（人生訓．教訓）

⑤ 164（神話．神話学）

⑥ 289.1（個人伝記・日本人）

⑦ 519（公害．環境工学）

⑧ 674（広告．宣伝）

⑨ 686（鉄道）

⑩ 726（漫画．挿絵．童画）

⑪ 833（英語辞典）

⑫ 909（児童文学研究）

⑬ 911（詩歌）

⑭ 914（評論．エッセイ．随筆）

⑮ 982（戯曲）

参考図書を活用する

　身近な図書館で、次の課題を解決できる参考図書を見つけ、『参考図書名・巻（複数巻可)』(出版社名、出版年) 項目、ページを記入しましょう。

📝 下欄に記入

　例　読書週間は、毎年いつからいつまでですか

　　　『日本大百科全書　16巻』(小学館、1987年)「読書週間」p.897

....

①ことわざ「住めば都」に相当する英文は何ですか。

....

②戦後日本の食糧の総合自給率の変化を調べなさい。

....

③関東大震災における流言蜚語を報道する当時の新聞の姿勢を調べなさい。

....

④杉原千畝がユダヤ人のために発行した日本へのビザの数を調べなさい。

....

⑤自分で課題を設定し、それを解決できる参考図書を見つけましょう
　　課題「　　　　　　　　　　　　　　　　　」

....

自分の論文に関する書誌を作る

　試しに、自分の論文に関係する図書を10冊、書誌で調べ、リストを作ってみましょう。（論文の正式な「資料リスト」づくりは次の演習でおこないます）

✍下欄に記入

　　　例　宅間紘一著『論文の考え方・書き方』（新泉社、2021年）

1)

2)

3)

4)

5)

6)

7)

8)

9)

10)

資料リストを作ろう

どんどん記録する

2-B

解説編→ p.73

図書リスト

著編者（訳者）	『書名』（出版社、出版年）	所在・請求記号
（例）A. ラシッド著 （坂井定雄・伊藤力司訳）	『タリバン』（講談社、2000年）	自校図書館 227：A

著編者（訳者）	『書名』（出版社、出版年）	所在・請求記号

雑誌・新聞資料

書き手　　「記事のタイトル名」　　　『雑誌（新聞）名』（発行所、発刊年月日）○号、ページ

（例）大野晋　「「学力低下」をどう考えるか」　『世界』（岩波書店、2000年11月号）p.106
　　　上野健爾
　　　（対談）

書き手　「記事のタイトル名」　　『雑誌（新聞）名』（発行所、発刊年月日）○号、ページ

映像・音声資料

制作者（著作権者）　「タイトル」	制作年月日、所要時間、所在
（例）TBS　「地雷ZERO 21世紀最初の祈り」	2001.6.11、放映144分（自己録画）

電子メディアなど他の資料

発信者	「ホームページタイトル」	ホームページアドレス、受信日
（例）朝日新聞社	「アサヒコム・MYTOWN滋賀 豊郷小問題」	http://mytown.asahi.com/shiga/　2002.12.23

情報を記録しよう
研究カードを作る

2-C

解説編→ p.75

自分が立てたテーマ、サブテーマに従って、研究カードを書いてみましょう。

 市販のB6カードに記入

結論を書こう
他人の前で発表することを前提に中間報告書を書く

3-A

解説編→ p.82

解説編のケーススタディを参考にして、中間報告書を書いてみましょう。

 レポート用紙、原稿用紙などに記入

アウトライン（目次）を作ろう
論文の設計図を描く

3-B

解説編→ p.87

　アウトライン（目次）を書いてみます。下書きの段階に入っても、アウトラインは書き換えられます。アウトラインの成長のあとも残しておきましょう。そのつど日付を書きます。

✍ 下欄の記入

アウトライン

論文の概要を書こう
アウトライン（目次）と「下書き」をつなぐ

3-C

解説編→ p.90

　論文を書く前に、自分はいったい何を問い、何を明らかにしたかったのか、そのことを他人にわかってもらうためには、何をどういう順序でどのように述べてゆくべきなのか、を明確にしておきましょう。

🖊 レポート用紙、原稿用紙などに記入

下書きを書こう
段落を意識して記述する

3-D

解説編→ p.92

実際に本文（序、あとがきを除く）を書いてみます。必要なところに注を打ち、最終章の後に注記欄を設けること。また参考資料リストを書くことを忘れないように。

✍ 原稿用紙に記入

論文に仕上げよう
様式、ルールに従って書く

3-E

解説編→ p.97

　仕上げ論文を書く前に、「下書き」を何度も声に出して読み直し、筋の通らないところを発見しよう。清書の前には、相当のゆとりがほしい。

✍ 原稿用紙に清書する

研究をふりかえり、自己評価しよう
次へのステップになる

3-F

解説編→ p.136

1. **自分の論文を自己評価する。**（5段階）

①テーマに呼応した納得のゆく結論が得られた。

 5　・　4　・　3　・　2　・　1

②筋の通った論を展開することができた。

 5　・　4　・　3　・　2　・　1

③必要な資料が得られた。

 5　・　4　・　3　・　2　・　1

④結論を裏付ける論拠（事例、統計数字）を示すことができた。

 5　・　4　・　3　・　2　・　1

⑤最後まで自分の文章で書き上げることができた。

 5　・　4　・　3　・　2　・　1

⑥論文の総合評価

 5　・　4　・　3　・　2　・　1

2. **研究過程で最も苦労したところはどこか。**（複数可）

①テーマ設定

②情報検索・収集

③情報の記録

④結論を導く

⑤アウトラインの組み立て

⑥下書き

⑦論文の仕上げ

⑧その他（　　　　　　　　　　　　　）

3. 苦労の内容を具体的に書いてみよう。

4. 研究体験をふりかえって、よかったと思うこと、反省点などを書いてみよう。

5. 研究を終えて、さらにどのようなことに興味が湧いたか、新しく生まれた問い、テーマを書き留めてみよう。

あ と が き

　本書は、以下のようなテキスト、手引書として用いられることを想定して書かれています。

(1)「論文作成」を課する高等学校の演習授業のテキストとして

(2)「総合的な学習の時間」のテキストとして

(3)「論文作成」を課する大学の「教養演習」のテキストとして

(4) 図書館メディアを活用する課題学習（自ら設定した課題に取り組み、その成果を論文・レポートにまとめる演習型学習）として

(5) いずれの専門の研究機関、教育機関にも属さないが、論文を書く必要のある人のための手引書として

(6) その他、論文を書くことで、自分が持ち続けている興味、関心をいっそう深めたいと願っている人の手引書として

　このテキストの演習は、専門の研究領域を持たない人が「自らのテーマ（問い）に出合う」という、最も初級段階からはじめています。したがって、読者によっては不必要な箇所があるかと思いますが、それぞれに必要な部分のみを利用してください。

　このテキストは、読んでくださった方の批判を仰ぎながら、書き換えられ、成長してゆかねばならないと思っています。ご意見をお寄せください。

　本書の土台となっている、関西学院高等部読書科の歩みを綴っておきます。読書科設定以前から、もともと関西学院高等部には、読書奨励の伝統がありました。それはたとえば、教員による図書推薦文集『図書春秋』に結実しています。休刊の年もありますが、1956年創刊以来30号を越えています。毎年、夏休み前に配布されます。出合いへの導き手になりたいという高等部教員の思いが、『図書春秋』に込められています。こうした全校的な読書教育の実践が、読書科を誕生させる基盤となりました。

　高等部に読書科ができるはるか以前から、中学部には図書館教育、読書教育の特設時間がありました。中学部司書教諭・川北信彦先生が長年にわたって開拓された実践が中学部教師集団の支持を得、教科にまで高められたのです。1963年、当時の中学部長・矢内正一先生は、自ら担当しておられた「生活指導」という特設時間を「図書館利用指導」として用いることを川北教諭にすすめられました。これが名実とも「読書科」となるのは、第3代部長（高等部長も兼ねた高中部長）小林宏先生のすすめによります。1967年、すなわち、高等部読書科発足の9年前のことです。小林部長は後に、自らも中学部第3学

年「読書科」を担当されました。高等部読書科は、中学部の読書教育の実践を範として
います。

　中学部と高等部はそれぞれ、独自の校風を育ててきましたが、次第に、一貫教育を
もっと明確な形で実行してゆこうという気運がたかまり、1975年、「高中部一貫教育推
進委員会」が発足しました。当時の学院の責任者、久山康院長は、「委員会」に対し、中
高一貫教育の実を上げるため、中高教育の4本の柱（①キリスト教、②英語、③体育、④読書）
を立てることを提唱されました。「委員会」はこれを受けて、討議を重ね、一貫教育を推
進するための具体案を院長に答申しました。この答申に基づいて1976年4月、高等部
にも読書科が設けられることになりました。

　今は故人となられましたが、久山康先生から私は学生時代、「土曜会」という読書会で、
ドストエフスキーや漱石など、古典を読む訓練を受けました。この会は、学生主体の読
書サークルのようなものではなく、あくまで久山先生主導の「精神の道場」というべき
ものでした。「補論2」で展開した私の読書論の基盤は、この「土曜会」で築かれました。

　久山先生はじめ、上記の「関西学院読書科の歩み」を述べる中でお名前を挙げさせて
いただいた先生方のお導きで、何とか今日まで、高等部読書科を続けることができまし
た。

　読書科演習「論文作成」は、高等部2、3年生に課すものですが、実際に論文を仕上げ
る段階（3年生）でお手伝い願っている、講師の奥田修先生、岡本洋之先生、卜部敬康先
生、高田さかゑ先生には、協同して実践を重ねる中で、多くの貴重なアイデアをいただ
きました。また、かつて講師としてご協力いただいた山上博信先生は、日中出版と私を
つなぐ役割を担ってくださいました。

　読書科の演習は、図書館スタッフのバックアップなしには一歩も前進することはでき
ません。関西学院高等部図書館の崎田利江さん、石津佐智子さん、柴田智子さん、雑賀
康美さんのお働きに感謝します。

　論文を提供してくれた新家史崇君をはじめ、「ケーススタディ」で協力してくれた生徒
諸君にも感謝します。

　以上、出版にあたって、ご協力いただいた方々に心よりお礼申し上げます。

2000年4月25日

　　　　　　　　　　　　　　　　　　　　　宅間紘一

新たな刊行にあたって

　まだまだ日本の学校教育においては、教師が問題（それも正答の定まった問題）を出し、児童・生徒がそれにすばやく答える、といった学習形態が主流ですが、それでも近年ようやく変化があらわれています。

　児童・生徒が自ら設定した課題に取り組む学習の必要性が叫ばれ、「答える力」（問題解決能力）ばかりでなく、「問う力」（問題発見・設定能力）が学力の重要な柱と考えられるようになりました。本書を論文指導のテキストとして使ってくださる高等学校も少しずつ増えてきました。まことに喜ばしいことです。

　初版を刊行してからこれまで、協同して論文指導に当たってくださった関西学院高等部読書科の東真由子先生、阿部はる奈先生、尾添陽平先生からたくさんの知恵をいただきました。ありがとうございました。とくに今回は、現在は関西学院高等部とは別の学校で論文指導を進めている阿部はる奈先生にご助言いただくとともに、先生の実践資料をご提供いただきました。ありがとうございます。

　2021 年 1 月 10 日

宅 間 紘 一

参考文献

尾川正二著『原稿の書き方』（講談社現代新書、1976 年）

梅棹忠夫著『知的生産の技術』（岩波新書、1969 年）

木下是雄著『レポートの組み立て方』（ちくま学芸文庫、1994 年）

久山康編『再版　読書の伴侶』（国際日本研究所発行、創文社発売、1993 年）

澤田昭夫著『論文の書き方』（講談社学術文庫、1977 年）

川北信彦著『新編　読書科演習資料』（関西学院中学部読書科、1996 年）

天道佐津子編著『読書と豊かな人間性の育成』（共著、青弓社、2005 年）

宅間紘一著『読書科演習 I　読書生活の形成・図書館を使う』改訂 3 版（関西学院高等部読書科、1996 年）

宅間紘一著『読書科演習 II　論文を書く』改訂 3 版（関西学院高等部読書科、1996 年）

宅間紘一著『学校図書館を活用する学び方の指導　課題設定から発表まで』（全国学校図書館協議会、2002 年）

宅間紘一「青年の想像力と読書」（国際日本研究所『兄弟』1982 年 2 月号）

宅間紘一「読書科の可能性」（関西学院高等部『論叢』43・44 号、1998 年）

宅間紘一著『文庫で名作再読』（新泉社、2008 年）

桑田てるみ著『思考を深める探求学習　アクティブ・ラーニングの視点で活用する学校図書館』（全国学校図書館協議会、2016 年）

桑田てるみ編『学生のレポート・論文作成トレーニング　改訂版　スキルを学ぶ 21 のワーク』（実教出版、2015 年）

大串夏身著『調べるって楽しい！　インターネットに情報源を探す』（青弓社、2013 年）

中島玲子・安形輝・宮田洋輔著『スキルアップ！情報検索　基本と実践』（日外アソシエーツ、2017 年）

本書は、宅間紘一著『はじめての論文作成術』（日中出版、2000 年）を
全面的に改訂したものです。

宅間紘一◎たくま こういち

1944年生まれ。1969年、関西学院大学大学院経済学研究科修士課程修了。

元関西学院高等部読書科教諭・司書教諭、元関西学院大学講師。

著作

「現代高校生読書事情」(新教出版『福音と世界』1993年6号)

「読書科の可能性」(関西学院高等部『論叢』43・44号、1998年)

「学力考」(関西学院高等部『論叢』46号、2000年)

「読書教育の核としての読書科—関西学院高等部」(全国学校図書館協議会『学校図書館』1999年3月号)

「高等学校『読書指導』と『学びの指導』の展開」(全国学校図書館協議会『学校図書館』2000年4月号)

『学校経営と学校図書館』(共著、放送大学教育振興会、2000年)

『新学校図書入門』(共著、草土文化、2001年)

『学校図書館を活用する学び方の指導　課題設定から発表まで』

(全国学校図書館協議会、2002年)

『読書と豊かな人間性の育成』(共著、青弓社、2005年)

『文庫で名作再読』(新泉社、2008年)

編集協力

阿部はる奈◎あべ はるな

1973年生まれ。1995年、西南学院大学文学部国際文化学科卒業。

関西学院高等部読書科、プール学院中学校・高等学校総合学習担当非常勤講師等を経て、

現在、関西学院大学、大阪樟蔭女子大学、阪南大学非常勤講師。

論文の考え方・書き方
はじめての論文作成術

2021年 4 月15日　第 1 版第 1 刷発行
2023年11月 1 日　第 1 版第 3 刷発行

著者　宅間紘一

発行　新泉社

東京都文京区湯島1-2-5　聖堂前ビル
TEL 03-5296-9620　　FAX 03-5296-9621

印刷・製本　モリモト印刷